Gisela Krahl • Andrea Riepe

Wonnestunden

• Betörende Düfte, schlüpfrige Öle und
berüchtigte Salben • Erotische Räucherungen und
Aromalampen für die liebevolle
Erleuchtung • Die Wonne in der Wanne
• Aphrodisische Gaumenfreuden
• Kissen zum Küssen • Ein Tag und eine Nacht
aus lauter Lust und Liebe

Mit Illustrationen von Brian Grimwood

Wunderlich Verlag

1. – 21. Tausend März 1990 bis November 1991

22. – 25. Tausend Oktober 1993

Copyright © 1990 by Rowohlt Verlag GmbH,

Reinbek bei Hamburg

Umschlagillustration von Brian Grimwood

Illustrations copyright © 1990 by Brian Grimwood

Layout: Régine Thienhaus/Peter Wippermann

Alle Rechte vorbehalten

Satz: Utesch Satztechnik GmbH, Hamburg

Druck und Bindung: Clausen und Bosse, Leck

Printed in Germany

ISBN 3 8052 0497 3

Gisela Krahl • *Andrea Riepe*

Wonnestunden

Inhalt

2.
Erotische Räucherungen und Aromalampen für die liebevolle Erleuchtung

3.
Die Wonne in der Wanne

4.
Aphrodisische Gaumenfreuden

5.
Kissen zum Küssen

6.
Ein Tag und eine Nacht
aus lauter Lust und Liebe

7.
Wie Düfte wirken und wo
Sie sie bekommen

Literatur

Kleine Animierbibliothek

Einstimmung

Angenommen, Liebe wäre ein sanfter Reigen von zweimal fünf Sinnen, dann könnten Aphrodisiaka die Musik sein, die für einen Abend Tango daraus macht. Liebesmittel können weder sportliche Höchstleistungen im Bett herbeizaubern noch sexuelle Störungen beseitigen. Aber der wahrhaft sinnliche Mensch hält Müdigkeit nicht gleich für Impotenz und weiß auch, daß eine Eintragung ins Guinnessbuch der Rekorde nichts über des Rekordhalters Qualität im Bett aussagt. Wer über seine Beischlaffrequenz Buch führt, sollte von Aphrodisiaka lieber die Finger lassen. Sie stammen nämlich aus einer Zeit, als es noch kein Wort für Sex gab. Alles, was zwei oder mehrere lustvoll miteinander trieben, hieß Liebe. Im vergnüglichen Taumel der körperlichen Liebe vollzogen die Menschen nach, womit Göttinnen und Götter den Kosmos in Schwung hielten.

Sinnbild für das umfassende Verständnis von Liebe war im Mittelmeerraum die schöne Aphrodite. Vor Zypern entstieg sie – schaumgeboren – dem Meer. Kaum hatte sie ihren Fuß auf die Erde gesetzt, wuchsen dort Rosensträucher. Seither sind Rosen das Symbol der Liebe. Gewiß hat die einfallsreiche Göttin nicht nur Blumen erfunden, sondern auch Rezepte dafür, wie man sie lustvoll verwendet. Schließlich hat sie mit ihren Gespielen nicht nur Händchen gehalten.

Was Sie heutzutage mit all den Liebesmitteln, den Aphrodisiaka, anfangen können, geht natürlich auch über das Händchenhalten hinaus, besonders wenn Sie in Ihren Händen ein duftendes Öl halten, mit dem Sie den Liebsten oder die Geliebte massieren.

Die Möglichkeiten, durch Kräutlein die Lust zu steigern, sind so zahlreich wie die Sensoren auf der Haut. Baute man in Griechenland Thymian und Rosmarin dafür an, so hielt man es in Arabien mit Zimt, Muskat und Nelken. Im Norden waren es Senf, Pastinak und Bohnenkraut. Die Natur hält auch weniger brave Mittel als nur Küchenkräuter bereit. Der Umgang mit betäubenden Kräuterdämpfen, mit Tabak, Betelnuß oder Kokablättern, mit Opium, Haschisch und den in vielen Pilzen, Samen und Knollen verborgenen Kräften gehört zur Geschichte der Menschen und zu ihrem Bemühen, nicht nur Schmerzen zu lindern, sondern auch euphorische Empfindungen und Halluzinationen hervorzurufen.

Noch im Mittelalter waren viele der weisen Frauen und Zauberer gute Botaniker. Aus Tollkirsche, Bilsenkraut, Stechapfel und Alraune, aus Indischem Hanf, Mohn und Fliegenpilzen stellten sie Zaubertränke und Salben her, die angenehme Rauschzustände verursachten. Handelte es sich um eine Liebesmixtur, sollte sie beim Auftraggeber selbst oder bei der umworbenen Person erotische Visionen und sexuelles Verlangen erzeugen. Alte Kulturvölker und Stammesgesellschaften wie die Indios Südamerikas oder die Malaien besitzen noch heute große Kenntnis der Naturheilkunde und der natürlichen Aphrodisiaka, bei uns wird dieses Wissen jetzt erst wiederentdeckt.

In Europa war der Fliegenpilz sehr beliebt. Er galt nicht nur als potenzsteigernd, sondern überhaupt als ungemein kräftigend. Der altnordischen Volkssage nach sollen die bärenstarken Berserker, die sich ohne Waffen rasend ihren Feinden entgegenwarfen, ihre Kraft allein dem Genuß von Fliegenpilzen verdankt haben. Auch heute noch dient der Fliegenpilz den Schamanen in Nordasien, wenn sie bei Heilungen, Jagd- und Regenzauber, in ekstatischen Tänzen die Dämonen beschwören. Für das getupfte Prachtstück gilt, was auf alle Rauschgifte zutrifft: In Maßen genossen, schärfen sie die Sinne, im Übermaß machen sie schlaff oder sind sogar tödlich.

Mit den Hexen und weisen Frauen wurde auch das Erfahrungswissen vieler Jahrhunderte verbrannt. Heute werden die alten Rezepte wieder hervorgeholt und neu bewertet. Von Ärzten und von solchen Menschen, die sich der Natur zuwenden, aus Sorge, sie könnte zerstört werden, und von Menschen, die auf Spurensuche gegangen sind nach den Zeugnissen jener erfahrenen und klugen Frauen. Den aphrodisischen Schatz, der dabei gehoben wurde, können Sie mit Ihrer oder Ihrem Liebsten verschwenden: moschusöliges Badewasser zum Wildwerden, Räucherungen zum Erwecken der Sinne, ein Festmahl zum Antörnen von innen oder das Kräuterkissen für erotische Träume.

Sie glauben nicht, daß Pflanzen so wirken können? Dann führen Sie Ihre Katze doch mal zu einem Katzenminzebeet und schauen Sie zu, wie sie sich wollüstig darin wälzt.

Glauben Sie allerdings nicht, daß Ihr Schatz sich genauso wollüstig wälzen wird, wenn Sie ihm nur ein erotisches Badeöl mischen. Wahrscheinlich entfalten Aphrodisiaka ihre Wirkung am besten, wenn man sie gar nicht braucht. Wenn man sich Zeit nimmt, gelassen, spielerisch und kreativ mit ihnen umgeht, und wenn man den Umgang mit öligen, schlüpfrigen, duftenden und schmeckenden Substanzen sinnlich und erotisch findet. Wer Spaß an der Liebe hat, Liebesmittel geheimnisvoll und spannend findet, gern kocht, mischt und zaubert und auch hin und wieder Muße dazu hat, wird die erotische Kraft, die die ätherischen Öle, Pflanzen, Kräuter, Harze und Hölzer entfalten, mit Leib und Seele spüren.

Die Welt der Sinnesfreuden ist verschwenderisch und zeitaufwendig. Billig sind sie auch nicht, all die erotisierenden Mittelchen und Speisen, und wer geizig ist und hastig beim Lieben, wird kaum in den Genuß der schwelgerischen Lust kommen, die diese Substanzen hervorrufen können.

Außerdem erfordert der Umgang mit diesen Salben, Ölen und Essenzen eine von sexuellem Verlangen erfüllte Phantasie, die sich ganz darum dreht, mit dem Liebsten die Lust zu feiern und das Zusammensein aus dem Alltäglichen herauszuheben. Kein Konservierungsmittel, kein Emulgator, keine teuer gestylte Pappe, kein produktionsbedingtes Gift, kein Abfall, kein tierisches Leid trübt den Gebrauch von Stoffen erlesener Qualität, den reinen unverfälschten Luxus, den die Natur präsentiert. Veredeln können wir diese Produkte nur durch das Kostbarste, was wir haben: durch die Zeit und die Aufmerksamkeit, mit der wir diese Mittel einsetzen für unsere Hege und Pflege, für die Gesundheit und die Liebe.

Wir verstehen unter Aphrodisiaka nicht Potenzmittel, die die Geschlechtsteile aufreizen, bloß damit ein Akt zustande kommt, der wahrscheinlich weniger von Liebe als vom Zwang zur Selbstdarstellung zeugt. Für uns sind Aphrodisiaka alle Mittel, die die Lust an der Liebe erhalten und fördern, die Wonne und Wohligkeit erzeugen im Bett und sogar im Büro. Unsere Liebesmittel schmecken und riechen gut. Sie schmeicheln der Haut und der Nase, den Augen, der Zunge. Für die Gunst der Ohren müssen Sie durch verwegenes Flüstern schon selber sorgen. Das wird Ihnen aber nicht mehr schwerfallen, wenn all die anderen Sinne derart wach gemacht wurden.

Die Rezepte in diesem Buch sind zum Teil schon einige hundert Jahre alt. Sie sind nach ihrer erotisch stimulierenden Wirkung ausgewählt, die den einzelnen Zutaten entweder in der Naturheilkunde oder in überliefertem Magie- und Zauberwissen zugesprochen wird. Sie entstammen der griechischen und römischen Mythologie, Heilkräuterbüchern, Büchern über Naturheilkunde und Büchern über die Geschichte des Duftes und der Parfümierungskunst.

Schmeicheleien

Soll dir ein Weib auf lange Zeit an dich zu fesseln glücken

  Gerat ob ihrer Schönheit stets aufs neue in Entzücken!

Trägt sie ein Purpurkleid, dann gib den Preis dem Purpurkleide;

  Und hat sie eins von Seide an, dann schwärme für die Seide,

Trägt sie gern Gold, dann sag, sie sei noch köstlicher als dieses,

  Und hüllt sie sich in rauhen Fries, dann sing das Lob des Frieses!

Wenn sie das Haar gescheitelt trägt, dann segne ihren Scheitel,

  Und brennt sie sich die Haare kraus, dann mach sie darauf eitel!

Lob ihre Arme, wenn sie tanzt und wenn sie singt, die Leiter

  Der Töne und beklag es laut, singt sie dann nicht mehr weiter!

Sogar des Lagers Lust, selbst das, was sie läßt gern geschehen,

  Mußt du, und tut sie's noch so gern, mit Bitten heiß erflehen:

Und blickte vorher sie so wild wie der Medusa Züge,

  Dadurch machst du sie engelmild und deinem Wunsch gefüge,

Nur lasse dich in diesem Fall nicht beim Betrug erwischen,

  Dadurch, daß dein Gesicht dein Wort der Lüge zieh inzwischen!

Nur undurchschaut wirkt dieser Trick, denn sonst müßt' sie sich schämen.

  Das würd' ihr das Vertrauen zu dir hinfort mit Recht benehmen.

Zur Herbsteszeit, wenn sich das Jahr am schönsten hat bekränzet,

  Wenn durch die vollen Trauben schon des Weines Röte glänzet,

Rückt bald der Frost uns auf den Leib und bald die Hitze wieder:

  Das Wetter schwankt und vielen fährt's gehörig in die Glieder.

Ich wünsche zwar von Herzen, deine Liebste mög' gesund sein,

  Doch wenn sie eine Grippe kriegt (das Klima wird der Grund sein),

Dann laß sie deine Lieb' und Treu so recht mit Händen greifen!

  Bestell die Saat! Sie wird dir einst zur vollen Ernte reifen.

Ovid

1

Betörende *Düfte*, schlüpfrige *Öle*, berüchtigte *Salben*

Betörende
Düfte,
schlüpfrige
Öle,
berüchtigte
Salben

Von der Nase führt eine Direttissima in die Lustzonen. Und das funktioniert so: Geruch dringt mit dem Atem in die Nase, sendet von dort Nervensignale zum Gehirn, die über das Rückenmark und das vegetative Nervensystem die Zellen unseres Organismus erreichen. Weil das Zusammenspiel von Atem, Gefühl und Gedächtnis lebenswichtig ist und der Geruchssinn unser Wohlbefinden so stark beeinflussen kann, sind gute Düfte für das gute Leben unentbehrlich. Das olfaktorische Wahrnehmungsvermögen steuert unsere Reaktionen; Düfte können besänftigen, anregen und erregen, sie stimulieren, sie verzaubern. So ähneln wir in gewisser Weise den Tieren, die über Duftmarken zueinander finden, und sogar den Pflanzen, die mit Wohlgerüchen um Bestäubung werben. Der Sinn für Lust und Triebhaftigkeit, das Riechen und Schnüffeln, hat etwas Animalisches an sich. Gleichzeitig ist er ein Selbsterhaltungssinn. Die Nase warnt vor verderblichen Substanzen und Krankheit. Die Nase erschnuppert die Aura des Liebespartners. Allerdings haben wir ein gestörtes Verhältnis zu unseren eigenen Körperdüften und denen anderer. Heute läßt sich kaum jemand beschnuppern, ohne der verblümenden Kraft eines Deos zu vertrauen. Trotz der sozialen Ächtung des Körpergeruchs hängt immer noch alles davon ab, ob wir unseren Partner riechen können oder nicht, und zwar pur. Wissenschaftler vermuten, daß allzu häufiges Duschen die Animalisierung schwächt. Das ist die Ausstrahlung, die das andere Geschlecht scharfmacht. Im «Faust» umschreibt Goethe den Hauch des jungen Paris so: «Es ist des Wachstums Blüte, / Im Jüngling als Ambrosia bereitet / Und atmosphärisch ringsumher verbreitet.» Was Frauen ausströmen, macht nicht weniger an. Goethe selbst hat der Frau von Stein ein Mieder entwendet, um ab und zu an ihrer Lebensessenz schnüffeln zu können. Alternde Könige holten sich Mädchen ins Bett, um an ihrem jungen Flair zu gesunden. Über den Duft von Frauen kursieren abenteuerliche Gerüchte. So sollen Ehebrecherinnen an einem ganz speziellen Geruch zu erkennen sein und Rothaarige angeblich am stärksten und sinnlichsten riechen. Wahrscheinlich ist das auch ein Märchen. Wie Rot-, Schwarz- oder Blondgelockte wirklich riechen, ist heute nicht so schnell festzustellen, es sei denn, man kommt ihnen über längere Zeit sehr nahe. Denn ob blond, ob braun, keine vertraut mehr ihrem eigenen Duft. Wohl aber dem von Tieren. Der europäische Adel verfiel in der galanten Zeit dem Moschus, dem Aroma brünftiger Hirsche, und dem Zibet, dem betörenden Sekret der dunkelgemusterten Schleichkatze. Diese Duftstoffe enthalten das Sexuallockmittel Pheromon, auf welches Männer wie Frauen geradezu fliegen. In Versuchsanordnungen setzten sich Frauen lieber auf Stühle, die mit Moschus präpariert waren, auch wenn die Dosis unterhalb der Riechwahrnehmung lag. Aphrodisische Stoffe und liebesfördernde Mittel finden sich aber auch in der Pflanzenwelt. Die flüchtigen Substanzen der aromatischen Gewächse sind die ätherischen Öle, die Essenzen. Sie sind das Wesen der Pflanze. Sie öffnen unser Bewußtsein, sie können unseren Stoffwechsel in Schwung bringen. Wir kommunizieren über sie mit anderen Menschen, wir können mit ihnen unseren eigenen Sexualtrieb stimulieren und auch anderen Lust auf uns machen. Casanova soll die Haut seiner Gespielinnen vorher mit Rosenwasser besprengt haben. Bei römischen Orgien flatterten Hunderte von parfümierten Tauben umher. Jasmin gehört zu den Düften, die am ehesten an menschliche Körperausdünstungen erinnern und deshalb auch besonders erogen sind. In Mexiko schwört man auf Vanille. Scharfe Inder reiben ihren Penis mit Safran oder Sandelholzöl ein. Auf diese Weise wird er den Frauen zum Diadem im Herzen (oder anderswo), sagt man. Muskatöl soll ebenfalls schön brennen. Frauen unterstreichen ihren weiblichen Duft mit Lavendel. Wohl wissend, daß die Liebe auch durch die Nase geht, suchen Wissenschaftler schon lange nach dem ultimativen Lockstoff, der auch eisigste Wesen bezwingt. Bis sie den gefunden haben, wirkt vielleicht ein uraltes Hausrezept, mit dem wahrscheinlich auch Eva den Adam rumgekriegt hat: Wärmen Sie einen rotbackigen Apfel eine Weile oben zwischen Ihren Schenkeln und geben Sie ihn dann dem Mann Ihrer Träume zu essen. Ob es umgekehrt auch funktioniert, ist nicht überliefert. Das müssen Sie selbst ausprobieren.

Grundausstattung
für genießerische Duftmischer

Was man wirklich braucht, um Düfte zu gewinnen, mit ihnen zu experimentieren und die Nase zu trainieren: Weingeist (96 Prozent) aus der Apotheke. Falls Ihnen das zu stark und beißend ist, nehmen Sie Wodka oder Korn

- *einen Parfümzerstäuber aus der Parfümerie,*
- *eine elektrische Kaffeemühle oder einen Mörser,*
- *einen kleinen feinen Trichter für Parfümfläschchen,*
- *eine Pipette, Kaffeefilterpapier, Mulltuch,*

eines oder zwei der folgenden Basisöle:

- *Aprikosenkernöl, süßes Mandelöl, Jojobaöl, Sojaöl,*

und dann natürlich ätherische, also sich verflüchtigende Öle je nach Rezept.

Verwenden Sie nie Mineralöle (Babyöle) für die Massage oder einen Kinderpopo. Mineralöl zieht zwar schnell in die Haut ein, weil es sehr dünnflüssig ist, aber es ist wasseranziehend (hydrophil), das heißt, es dringt in das Zellinnere ein und schwemmt fettlösliche Vitamine (E und D) aus der Haut in die Blutbahn, über die es einfach abtransportiert wird. Das ist besonders bei gereizter, wunder Haut von Übel. Ein solides Pflanzenöl ist sehr viel besser. Doch als Basisöl für einen Duft, für ein Parfümöl, können Sie ein mineralisches Babyöl durchaus benutzen.

Es gibt keine festen Regeln für die Mischung von guten Parfüms. Alles ist eine Frage des Geschmacks und der Kunst, das Gleichgewicht zu halten. Kopfnote, Herznote, Basisnote, das sind wichtige Begriffe für den Parfümeur, der seine Kreationen aus hundert oder mehr natürlichen oder naturidentischen Stoffen, aus Aldehyden, das sind reine Phantasiedüfte, und Fixativen komponiert. Die Rezepte sind natürlich geheim, begründen sie doch den Ruhm und den Reichtum eines Unternehmens. Zwar gibt es auf den Duftmärkten in Kairo geheimnisvoll wispernde Männer, die einen ins Hinterzimmer locken, um ein absolut billiges, absolut identisches Plagiat eines der teuren Markenparfüms anzubieten. Tatsache ist, daß ein guter Parfümeur durchaus die Hauptbestandteile eines Parfüms zu identifizieren und nachzumischen versteht, aber den gesamten Komplex eines Duftes kann er unmöglich erschnüffeln. Die imitierten Düfte ähneln nur oberflächlich den sündhaft teuren Original-tropfen, was ja auch ganz schön ist.

So ein ähnliches Wässerchen zum verschwenderischen Gebrauch, das zu Ihrem Parfüm paßt, können Sie sich auch mischen, wenn Sie schon genügend Duftnoten in Ihrer Sammlung haben. Normalerweise wird das ätherische Öl in Alkohol gelöst, und je nachdem, wieviel sich davon in einer Alkohollösung befindet, unterscheidet man

Eau de Cologne oder Eau de Toilette 4–8 Teile in 100 =

4 ml–8 ml in 100 ml = 80–160 Tropfen in 100 ml

(1 ml = 20 Tropfen)

Eau de Parfum 8–15 Teile in 100 = 160–300 Tropfen in 100 ml

Parfüm 15–30 Teile in 100 = 30–60 Tropfen in 10 ml

Riechfläschchen 60 Tropfen in 10 ml 96prozentigem Alkohol

Massageöl 2–4 Tropfen in 10 ml (2 Teelöffel) Pflanzenöl

Wer hochprozentigen Alkohol auf der Haut nicht gut verträgt, kann Korn oder Wodka nehmen oder das ätherische Öl mit anderen Substanzen verdünnen. Sehr gut für die eigene Parfümherstellung eignet sich Jojobaöl, ein dünnflüssiges Wachs, das sich nicht mit dem Sauerstoff der Luft verbindet. Aber es geht auch mit Aprikosenkernöl oder einem anderen Pflanzenöl. Die Mischung muß vor Gebrauch immer gut geschüttelt werden. Wenn Sie genau arbeiten wollen, probieren Sie es zunächst mit Wattestäbchen und Pipette. Nehmen Sie nur 1 Tropfen von jedem Duft auf das Wattestäbchen. Notieren Sie sich, welchen Duft Sie verstärken, und erst wenn Sie zufrieden sind, mischen Sie die ganze Menge zusammen. Im allgemeinen gilt, daß Zitrusdüfte sich sehr gut mit Gewürzen vertragen (Bergamotte oder Orange mit Koriander oder Muskat oder Nelken) und daß Kräuter miteinander fein harmonieren (Basilikum, Muskatellersalbei, Lavendel, Rosmarin).

Hier die Duftrichtung einiger Markenparfüms mit deutlich erkennbaren Hauptbestandteilen in der Reihenfolge

1. Kopfnote (Substanz, die am schnellsten verfliegt),

2. Herznote (Substanz, die erst etwas später aufsteigt),

3. Basisnote (der dominante Duft, der auch am längsten haftet).

CINNABAR (Lauder)

1. Orange, Pfirsich, Bergamotte, 2. Gewürznelke, Zimt,
Rose, Jasmin, 3. Patschuli, Ambra, Benzoë, Vanille, Weihrauch

LAGERFELD (Lagerfeld)

1. Bergamotte, Estragon, Muskatellersalbei, 2. Rose, Zedernholz,
Tabak, 3. Ambra, Vanille, Moschus

MUSK FOR MEN (Yardley)

1. Bergamotte, Lavendel, Basilikum, Zitrone, Rosmarin,

2. Geranie, Sandelholz, Nelke, Rose,

3. Moschus, Moos, Ambra, Vanille

JICKY (Guerlain)

1. Zitrone, Bergamotte, Mandarine, 2. Jasmin, Patschuli,
Rose, Vetiver, 3. Vanille, Benzoë, Ambra, Zibet, Weihrauch

Ätherische Öle bilden mit Alkohol keine homogene Flüssigkeit, das heißt, das ätherische Öl löst sich nicht vollständig im Alkohol, sondern wird nur verteilt, wenn man die Mischung nicht destilliert. Stellt man eine weniger scharfe Lösung her, indem man den Alkohol und die ätherischen Öle mit destilliertem Wasser verdünnt, erhält man eine milchige Flüssigkeit, ähnlich wie beim Pastis, den die Franzosen so gern schlürfen. Die milchige Verfärbung tut der Qualität keinen Abbruch.

Für die erotische Duftküche sind weitere Kenntnisse nicht erforderlich. Die Anzahl der erotisch stimulierenden ätherischen Öle, und der Basisöle, hält sich in Grenzen. Die ihnen zugeschriebene Wirkung dagegen stellt sich mit etwas Glück auch ohne große Umschweife und raffinierte Vermischungen überwältigend direkt ein.

Mit der Einhaltung der Mengenangaben sollten Sie nicht so streng sein, sondern lieber experimentieren. Es finden sich in vielen Büchern unterschiedliche Angaben, was die Konzentration der Düfte angeht. Die Herstellung von luxuriösen Lust-Düften ist eine sinnliche Angelegenheit. Wer genußsüchtig ist und gern mischt und kocht, wer gern schnüffelt, probiert und schmeckt, sollte mit den Rezepten ruhig virtuos und genialisch-großzügig umgehen. Mehr über ätherische Öle, ihre Beschaffung und Qualität erfahren Sie auf Seite 170 und 181.

Leichtes Duftwässerchen für Empfindsame

● 3 EL getrocknete Pfefferminzblätter ● getrocknete Schale eines
ungespritzten Apfels ● getrocknete Schale
einer ungespritzten Zitrone ● 4 Zweige Rosmarin ● 100 ccm Weingeist
aus der Apotheke

Seit Jahrhunderten schon wird Minze als verdauungsförderndes und appetitanregendes Gewürz verwendet. In Griechenland rieb man früher die Tische damit ein, badete darin und beduftete den ganzen Körper, weil die Minze im Ruf stand, die Sinneslust anzuregen. Deswegen wurde sie früher auch häufig zu Brautkränzen gebunden.

Alle Zutaten werden vier Wochen lang in eine dunkle Flasche verbannt und müssen ab und zu durchgeschüttelt werden. Danach kann man die Flüssigkeit durch ein Tuch filtern und in einen Zerstäuber füllen. Wenn der Duft nicht intensiv genug ist, wiederholt man die Prozedur mit neuen Pflanzen so oft, bis es reicht.

Verführung auf mexikanisch

In Mexiko gilt die an tropischen Lianen wachsende Vanilleschote als Aphrodisiakum. Sie wird ausgekocht und getrunken oder in gehackten Stücken gekaut und weckt so die weibliche Sinnlichkeit. Während der Verdauung durchströmen die Essenzen den Körper, steigen durch die Haut auf und in die Nase des Liebhabers hinein.

Wenn sie den ältesten Teil seines Gehirns erreicht haben, gehen von dort sehr wohlige, sehr vertraute Empfindungen aus. Die Vanille kann den Mann buchstäblich an der Nase herumführen.

Ungarisches Schönheitswasser

D er Sage nach soll ein Eremit der Königin von Ungarn ein Rezept für ein Wasser zur Erhaltung ihrer Schönheit gegeben haben. Sie wurde davon so schön, daß der König von Polen um ihre Hand anhielt, als sie schon zweiundsiebzig Jahre alt war. Nach einer anderen Sage soll die Königin mit dem tollen Wässerchen sogar ein gelähmtes Glied geheilt haben.

● 4 EL frischer, zerstoßener Rosmarin ● 3 EL frische, zerstoßene
Minze ● 3 EL zerstoßene getrocknete Rosenblätter ● 1 EL geriebene
Zitronenschale ● 1/8 l Orangenblütenwasser
● 150 ml Weingeist aus der Apotheke oder Korn oder Wodka

Alle Zutaten werden gut verschlossen für zwei Wochen in einem Glasgefäß im Dunkeln aufbewahrt. Dann das Wasser sehr sorgfältig durchfiltern und das Gefäß wieder luftdicht und dunkel verschließen. Regelmäßig das Gefäß mit Glaskugeln auffüllen, damit zwischen Stöpsel und Flüssigkeit so wenig Luft wie möglich Platz hat, denn deren Sauerstoff schadet dem Duft.

Duftwasser für die Betten

● 1,5 l Rosenwasser (gibt es billig in türkischen Läden)
● je 5-10 Tropfen Lavendel, Nelken, Zimt, Sandelholz

D ieses Wasser riecht sehr schön würzig und schwer. Man kann es in den letzten Waschgang der Waschmaschine gießen oder die trockene Wäsche damit besprengen. Rosen wurden in Hellas und Rom geradezu verschwendet. Es gab Rosenkränze für Gäste, und überall wurden Rosenblätter verstreut. Aus Persien kam die Rose über Rhodos und Zypern nach Griechenland. Der Duft der Rose gehört zu den teuersten Düften überhaupt und ist Bestandteil der feinsten und verführerischsten Parfüms.

Blauer Puder für unsere blaublütigen Freunde

Die getrockneten Blütenblätter von

● *Lavendel* ● *Veilchen* ● *Malven* ● *Kornblumen* ● *Salbei* ● *Flieder*

werden fein gemahlen und gesiebt, damit die gröberen Stückchen zurückbleiben, und mit der gleichen Menge Talkum vermischt. Dieser Puder hat einen feinen und anregenden Duft, der mit etwas Lavendelöl noch verstärkt werden kann. Außerdem sieht er besonders vornehm aus.

Puder für die Streichelhaut

Getrocknete Zitronen- oder Orangenblüten, Thymian, Ringelblumen oder Pfefferminze, Rosen, Hyazinthen oder Narzissen, oder eine verwegene Mischung aus Kräutern und Gewürzen werden in einer elektrischen Kaffeemühle staubfein gemahlen und durch ein feines Sieb gegeben. Dann wird dieser Kräuter- oder Blütenstaub mit der gleichen Menge Talkum oder Maisstärke vermischt. Es gibt nichts Feineres für die Streichelhäute. In allen Hautfalten – am Hals, unterm Arm, unterm Busen, am PO, innen an den Oberschenkeln, in den Kniekehlen, überall, wo man gern streicheltrocken sein möchte, ist Puder gut zu gebrauchen. Der Duft zieht ganz dezent in Bett- und Körperwäsche.

Wonnige Düfte für verwegene Wesen

Feines Blütenparfüm

● *Gleiche Teile der Essenzen von Veilchen, Nelken, Jasmin*

werden mit der zehnfachen Menge Aprikosenkernöl vermischt. Mit dieser Mischung finden empfindsame Herzen zueinander.

Parfüm für Temperamentvolle

● *5 Tropfen Bergamotte* ● *7 Tropfen Jasmin* ● *7 Tropfen Rose*
● *23 Tropfen Sandelholz*

oder von jedem etwas mehr werden in 10 ml süßem Mandelöl verteilt. Das ergibt ein anregendes und aufregendes Duftöl.

Schweres Duftöl für die Lasziven

● *10 Tropfen Jasmin* ● *10 Tropfen Sandelholz* ● *10 Tropfen Ylang-Ylang*
● *1 Tropfen Vanille* ● *10 ml Jojobaöl*

Leichter Duft für zarte Nasen

● *100 ml destilliertes Wasser oder Mineralwasser* ● *20 Tropfen Neroli*
● *20 Tropfen Bergamotte* ● *40 Tropfen Lavendel*
● *10 Tropfen Rosmarin* ● *10 Tropfen Zitrone*

Das ergibt eine Lösung, die vor Gebrauch gut geschüttelt werden muß. Wer mag, kann dieses feine Wässerchen ein wenig einfärben. Etwa mit einem halben Tropfen Lebensmittelfarbe oder mit etwas Hibiskus- oder Pfefferminztee.

Duft zum Verführen

● 6 Tropfen Geranie ● 5 Tropfen Rosenholz ● 15 Tropfen Sandelholz ● 5 Tropfen Rose ● 10 ml Jojobaöl

Einen Tupfer hinter die Ohren, einen an die Schläfen, einen an die Handgelenke und einen in die Kniekehlen.

Unbeschreiblich weibliches Duftöl

● 8 Tropfen Jasmin ● 15 Tropfen Muskatellersalbei ● 8 Tropfen Ylang-Ylang ● 10 ml Jojobaöl

Ylang-Ylang kommt aus Indien, Malaysia und von den Philippinen. Die Blüten duften sehr stark, und ihr ätherisches Öl wirkt bei Frauen sexuell stimulierend und entspannend, was wiederum auf den Mann genauso wirkt.

Unbändig männlich

Im neunzehnten Jahrhundert, bevor Coty und Guerlain und all die anderen großen Parfümeure für die europäischen Luxusdamen immer raffiniertere Mischungen von immer mehr Blütendüften kreierten, nahm die Frau von Welt ein kleines Riechkissen, gefüllt mit Veilchenpuder und einem Hauch von Moschus, und steckte es sich in den Ausschnitt ihres

33

Kleides. Oder sie füllte solche Blütensachets aus Seide oder Florentiner Taft mit einer zusätzlichen Prise duftendem Eisenkrautpuder oder einem mit Jasminöl getränkten Wattebausch und band es mit Zierbändern an ihre Unterwäsche. Alles an ihrem Körper sollte die erotische Aura unterstreichen und die Nase des Liebhabers laben. Die Frau von Klasse strahlte elegante Sauberkeit aus und stellte Reichtum und Ansehen ihres Mannes durch kostbare weiche Kleider und verschwenderischen Luxus zur Schau, der sie über jeden Verdacht der Arbeit erhaben machte. Als Gipfel der Verschwendung galten die schnell verwehenden Düfte, deren Gewinnung teuer und aufwendig war und die den eitlen Weibern nur zur Verlockung und Betörung dienten.

Der Mann dagegen roch nur nach sich selbst. Parfümierung und Pflege waren dem tatkräftigen, unternehmerischen Mannsbild zuwider. Dabei waren die Herren der herrschenden Klasse bis ins neunzehnte Jahrhundert durchaus schwelgerisch gewesen und hatten alles, was gut und teuer war, immer zuerst für sich beansprucht. Wie hatten sie sich gesalbt, gepudert und parfümiert! Doch Parfümierung und übertriebene Pflege galten von nun an als frivol, weibisch, unpassend für den Mann, der Durchsetzungskraft und Erfolg ausstrahlen wollte. Der Mann von Welt kleidete sich in Tweed und rauchte Tabak. Er durfte nicht nach Moschus duften. Nur nach Macht. Allenfalls ein Hauch Lavendelwasser nach der Rasur wurde toleriert.

Inzwischen hat sich das geändert. Die Männer werden verspielter und gefallsüchtig wie Weiber, ohne daß sie dabei ihre männliche Identität einbüßen. Sie entdecken wieder ihre Sinne. Über die Rasierwasser und die Haarpflege hat sich seit Anfang dieses Jahrhunderts die Parfümindustrie an die Männer herangemacht, und vielleicht werden in Zukunft auch die Namen der Duftwässer für Männer phantasievoller. Noch benennen sie häufig nur ein bestimmtes Image, das das Mannsbild gern für sich in Anspruch nimmt, die heißen Autos, die er liebt, die Helden, denen er nacheifert: SIR, LAMBORGHINI, BOGART, oder sie heißen ganz banal: UN HOMME, POUR L'HOMME in Verbindung mit dem Namen eines Schneiders.

Moschuswasser für den wilden Mann

● *10 Tropfen Moschus (Parfümöl)* ● *5 Tropfen Vanille* ● *10 Tropfen Benzoë* ● *10 Tropfen Nelke* ● *10 Tropfen Zimt* ● *20 Tropfen Bergamotte* ● *10 Tropfen Neroli* ● *10 Tropfen Muskatellersalbei*

werden in 100 ml Korn oder höherprozentigem Alkohol aus der Apotheke verschüttelt. Dieses Wasser riecht würzig und raffiniert, und vielleicht gefällt es Ihnen, die Menge der Essenzen zu verdoppeln.

Zimtwasser für den Zaubermann

Sehr belebend ist das Zimtwasser. In ein kleines verschließbares Glasgefäß werden ein paar Teelöffel Zimtpulver gefüllt. Darauf gießt man 96prozentigen Weingeist, und zwar so viel, daß der Puder gut bedeckt ist. Danach wird das Glas verschlossen und für einen Monat in die Sonne gestellt. Oder an die Heizung. Immer durchschütteln, wenn man gerade daran denkt. Danach wird die Flüssigkeit ganz vorsichtig, möglichst ohne das am Boden liegende Zimtpulver aufzuwühlen, in ein sauberes Fläschchen gefüllt und dabei eventuell durch einen Kaffeefilter gegossen, um sie zu reinigen. Nun kommt sie in einen Parfümzerstäuber und kann verduften. Achtung: Außer dem Duft hat der Alkohol dem Zimt auch Farbe entzogen. Also nur auf die nackte Haut sprühen. Auf Stoff gibt es Flecken.

Noch raffinierter wird das Wässerchen, wenn ein paar Tropfen Sandelholz und Muskat hinzukommen. Genauso kann man mit getrockneten Orangenschalen, mit Koriander, Gewürznelken, getrockneten Pfefferminzblättern oder Rosmarin verfahren.

Schnuppern Sie nie an der Flasche, um das Ergebnis zu prüfen. Der Alkohol riecht zu streng und verfälscht den Eindruck. Wenn man aber ein bißchen auf dem Handrücken verreibt und etwas wartet, steigt ein guter und reiner Duft in die Nase.

Drops for the tough guy

● 30 Tropfen Bergamotte ● 30 Tropfen Lavendel ● 30 Tropfen Geranie
● 5 Tropfen Nelke ● 100 ml 96prozentiger Weingeist

Muntere und immerwache Männer mögen es meist, wenn es beißt auf der Haut. Andernfalls nimmt man Korn oder Gin.

Anrüchiger Alltag

Paris, das Zentrum der Mode und des Geschmacks, der Wissenschaften und der Künste, Paris, das immer auch die Stadt der Krankheiten, des Unflats und der Widerwärtigkeiten war, Paris, das Zentrum der Parfümindustrie und gleichzeitig eine olfaktorische Zumutung, dieses Paris liegt wieder einmal vorn mit einer interessanten Neuigkeit.

An der Pariser Gare de l'Est, am Ostbahnhof, befindet sich eine Tiefgarage, ehemals stinkig wie Tiefgaragen überall auf der Welt, mit jenem umwerfenden Flair von Abgasen, Moder und Beton. Neuerdings geht es dort anders zu: Die Kunden lächeln und scherzen mit dem Pförtner, sie haben Zeit und nutzen die Gelegenheit zu einem Schwätzchen.

Das Geheimnis dieser Tiefgarage ist ihr neues Parfüm.

LOCAPARC heißt es und ist die Création einer Pariser «Nase», so heißen die bedeutenden Parfümeure Frankreichs. In drei Glasbehältern sind ätherische Öle verwahrt, die mit einem Ventilator in der Luft verteilt werden, sobald die Kohlendioxidkonzentration ein bestimmtes Maß überschreitet. Das kostet den Tiefgaragenbesitzer 230 Mark wöchentlich und bringt ihm zufriedene Kunden. Inzwischen haben vereinzelt schon Briefkästen geduftet, Kinosäle passend zum Film, und manche Nachtclubs setzen spezielle Düfte für spezielle Nummern ein. «Raumduftexperten» nennen sich die Leute, die sich darauf spezialisiert haben, schlechte Gerüche mit guten zu überdecken und entkrampfte und gelassene oder auch heitere Stimmungen zu zaubern, wo sonst nur dicke Luft herrscht. Zum Beispiel bei langen Vorträgen,

Modeschauen, wichtigen Konferenzen und Vertragsverhandlungen. Und seit die Aromatherapie, ein Teilbereich der Naturheilkunde, immer größere Bedeutung erlangt, greifen immer häufiger gestreßte Manager zum Riechfläschchen.

Riechfläschchen
für Geschäftsmenschen

im Flugzeug

● *10-ml-Fläschchen aus dunklem Glas (Apotheke)* ● *96prozentiger*
Weingeist ● *20 Tropfen Zypresse* ● *20 Tropfen Narzisse*
● *10 Tropfen Patschuli*

Diese Mischung hat auch eine magische Bedeutung. Sie weckt die elementare Kraft der Erde im Menschen, die in großen Höhen leicht verlorengeht.

Wenn die Luft dünn wird und die kleine Angst im Nacken sitzt und schwächt, sollte der Geschäftsmensch zum Fläschchen greifen. Der Duft beruhigt und glättet die Stirn. Er nimmt die Last der Unruhe von der Seele. Vielleicht kann der Geschäftsmensch jetzt sogar ein wenig schlafen und ist dann ganz erfrischt, wenn er ankommt, und bereit für weitere Höhenflüge, aber jetzt zu Lande.

Riechfläschchen
für Geschäftsmenschen

am Boden

● *10-ml-Fläschchen aus der Apotheke* ● *96prozentiger Weingeist*
● *5 Tropfen Moschus*
● *20 Tropfen Weihrauchessenz*
● *20 Tropfen Sandelholz*

ie Essenzen werden vermischt und mit dem Alkohol aufgefüllt. Dieser Duft kann auch auf dem Handrücken verrieben werden. Das Riechfläschchen belebt den Geschäftsmenschen, wenn ihm die Bedeutungslosigkeit seines aufgeregten Tuns in einer langen Konferenz mit einer Bande von engstirnigen Wichtigtuern mal wieder so richtig klar wird. Wenn Verachtung und Abneigung ihn packen und niederträchtige Gedanken ihn beschleichen, dann reicht eine Nase voll aus dem Fläschchen. Das wird seinen Geist so erhellen, daß er vielleicht von seinem Flaschengeist etwas abgeben will. Die ganze Runde wird eine Spur fröhlicher und feuriger werden.

Spezielles Riechfläschchen für Geschäftsfrauen

● *10-ml-Fläschchen* ● *96prozentiger Weingeist* ● *5 Tropfen Ingwer,*
jeweils 20 Tropfen Moschus und Geranie mit dem Alkohol auffüllen

Dieser Duft macht mutig, wenn nicht gar verwegen. Rein in die Nase – Nase hoch – und Nase vorn!

Die Kunst der zärtlichen Massage

Aphrodisisches Massageöl

● *3 Tropfen Jasmin* ● *3 Tropfen Rose* ● *8 Tropfen Sandelholz*
● *3 Tropfen Bergamotte* ● *50 ml süßes Mandelöl oder ein anderes Pflanzenöl*

Die alten Griechen legten großen Wert auf das Einreiben mit duftendem Öl. Homer hat es oft beschrieben. Als Telemachos den Nestor besucht, badet ihn dessen Tochter Polykaste und salbt ihn mit Öl. So geschieht es ihm auch als Gast des Menelaos, wo ihn die Mägde salben. Wer salbte eigentlich die Mägde?

Die Ägypter waren wohl die ersten, die duftende Salben anfertigten. Die dicke und duftende gelbe Flüssigkeit, die der Myrrhenstrauch absondert – die Stakte –, ergab die erste und einfachste Salbe.

Die Salbungen begannen immer am Ende eines Mahles, nach einer Waschung.

Die schwelgerischen Griechen gingen so weit, daß sie jeden Teil des Körpers mit einer anderen Salbe einrieben. Vor den Gastmahlen wurden ihre Füße gewaschen und hinterher gesalbt. Mit ägyptischer Salbe Füße und Schenkel, mit phönizischer Salbe Kinn, Wangen und Brust, mit Sisymbriumsalbe die Arme, mit Majoransalbe Haar und Augenbrauen, mit Serpyllonsalbe Knie und Nacken. Sie haben geglänzt wie Speckschwarte, die Griechen, und das galt wohl als verführerisch. Von den Knaben, welche die Freier bedienten, sagt des Odysseus treuer Schweinehirt Eumaios: Sie sind immer fett an den Köpfen und den schönen Gesichtern. Das meinte er als Kompliment! Nach dem Essen wurden aromatische Kränze aufgesetzt, und das Zechen konnte beginnen. Die Kränze sollten die Weindünste veredeln, das Haupt kühl halten und Kopfschmerzen abwehren. Bacchus galt als besonders geschickter Heiler nicht nur, weil er das angenehme und wirksame Arzneimittel Wein eingeführt hatte, sondern auch, weil er die Bacchanten lehrte, sich mit Efeukränzen gegen die unangenehmen Nachwirkungen des Alkohols zu schützen.

Die Kränze wurden den Griechen beim Zechen dermaßen unentbehrlich, daß griechische Soldaten in Armenien, im Winter, als es keine Blumen gab, sogar Heukränze aufsetzten.

Huile antique – das Rundum-Öl

Huile antique nennt man den öligen Auszug aus Heil- und Duftkräutern, der sehr gut für kosmetische Zwecke taugt. Am besten eignen sich Kräuter, die einen hohen Gehalt an ätherischen Ölen haben. Für ein solches Öl braucht man die getrockneten Teile der jeweiligen Pflanze, die im Mörser oder in der elektrischen Kaffeemühle zerkleinert werden. Sie kommen in ein dunkles Glas, das mit einem Pflanzenöl aufgefüllt wird, so daß die Pflanzenteile ganz bedeckt sind. Das gut verschlossene Glas muß an einem warmen Ort, also in der Sonne oder nahe der Heizung, etwa drei Wochen lang ruhen. Dann wird das Öl abgegossen und zur Beseitigung der letzten Rückstände noch einmal durch ein feines Mull-tuch geseiht. Diese Methode der Duftölgewinnung war schon in der Antike üblich. Daher der Name «Huile antique».

Diese Prozedur kann man mehrmals wiederholen, bis der Duft intensiv genug ist. Für eilige Liebhaberinnen, die sich schon für morgen verabredet haben, gibt es auch eine schnelle Me-thode: Das Ölgefäß mit den Pflanzenteilen wird in einem Wasserbad erhitzt. Das Wasser soll nicht kochen! Auch diese Methode kann wiederholt werden. Wen es im Urlaub in den Süden verschlägt, der kann sich auf diese Weise leicht ein sehr kräftig duftendes Körperöl aus Olivenöl und wildem Rosmarin zubereiten. Das pflegt die Haut und schützt gegen das salzige Meerwasser. Außerdem schmeckt es gut.

Für viele Massageöle gut zu gebrauchen ist ein Kamillenölauszug. Dieses Huile antique, das sehr gut duftet, ist eine erlesene Grundlage. Kamille beruhigt und wärmt.

- *250 g Avocadoöl oder ein anderes fettes Pflanzenöl*
- *10 g Kamilleblüten*

Das verschlossene dunkle Glas ruht in der Wärme und wird ab und zu geschüttelt.

Um ein aphrodisisches Salböl herzustellen, werden

- *100 ml Kamillenölauszug* • *5 Tropfen Jasmin*
- *5 Tropfen Rose* • *5 Tropfen Bergamotte* • *2 Tropfen Zimt*

miteinander verschüttelt. Dieses Öl duftet süß und warm, es schafft am ganzen Körper Ge-nuß, wenn es von kundigen Händen eingerieben, einmassiert und eingestreichelt wird.

Wenn Ihnen nichts zu teuer ist und Sie zu träge und triebhaft sind, sich ein Huile antique zu bereiten, mischen Sie sich eben ein schnelles Salböl mit ätherischen Ölen. Nehmen Sie ein-fach 2 Teelöffel eines guten Pflanzenöls und 2–4 Tropfen ätherisches Öl. Halten Sie keinen großen Vorrat, denn ein gemischtes Öl verdirbt nach ein paar Wochen.

Für eine Gesichtsmassage kann die Konzentration noch etwas dünner sein. Besonders Zitrone, Melisse, Bergamotte, Pfefferminz und schwarzer Pfeffer sind stark und reizen leicht empfindliche Menschen. Probieren Sie in der Armbeuge aus, mit welchen Mengen und welchen Essenzen Sie keine Probleme haben.

Duftige Massage
für Körper und Seele

Am liebsten mag die Haut Berührungen. Der Raum, in dem Sie massieren, sollte sanft beleuchtet sein. Nicht zu grell, es handelt sich schließlich nicht um eine Operation. Rot ist mild und freundlich vor allem zu Alten mit Falten. Aber auch Junge und Schöne sehen, in Rot getaucht, noch viel schöner und jünger aus. Warm muß es sein und ruhig. Eine Musik im Hintergrund ist angenehm, wenn es sich um Klänge ohne Worte handelt. Ob Sie nun auf Bett oder Boden oder auf dem Tisch massieren, ein Laken ist nötig als Unterlage wegen der Ölflecken, und eins ist nötig, um den Schatz an den Stellen zu wärmen, wo Ihre Hände gerade nicht einheizen.

Eine zärtliche Massage beginnen Sie am besten am Bauch. Tauchen Sie Ihre Hände ins Öl, das Sie auf einem Stövchen leicht erwärmt haben, und reiben Sie es mit gleichmäßigen kreisenden Bewegungen über den ganzen Körper. Schön glitschig muß die Haut sein, aber nicht fetttriefend. So können Wärme und Entspannung über die Nerven und Muskeln des ganzen Körpers fließen. Nun lassen Sie Ihre Hände wandern, wohin Sie wollen beziehungsweise wohin sie geführt werden. Alles, was guttut, ist erlaubt. Greifen, streicheln, drücken Sie immer symmetrisch, nie zu fest und immer in langsamem Rhythmus. Lösen Sie nie beide Hände gleichzeitig vom Körper, denn Sinnlichkeit kann sich am besten entfalten, wenn gegenseitige Energieflüsse nicht unterbrochen werden. Reden Sie möglichst nicht oder nur leise und langsam. Liebkosen Sie nur mit den Händen. Den Bauch, die Brust, die Schultern. Der Kopf ist nicht nur voller sinnlicher Empfindungen, sondern auch äußerlich erotisch sehr ansprechbar. Mit einer zartfühlenden Kopfmassage können Sie alle seelischen Verspannungen im Nu lösen. Streichen Sie zuerst die Halsmuskeln, nehmen Sie dann den Kopf in beide Hände und drehen ihn vorsichtig hin und her. Massieren Sie mit den Fingerspitzen die Kopfhaut, und liebkosen Sie dann das ganze Gesicht. Drücken Sie ein wenig mit den Fingerkuppen um die Augenhöhlen ganz herum, streichen Sie mit ausgestreckten Fingern die Wangen entlang zu den Ohren. Kneifen Sie sanft an der Ohrmuschel entlang. Nicht die Haut zerren!

Als nächstes widmen Sie sich ohne Unterbrechung den Armen. Nacheinander. Spielen Sie mit jedem Finger, ziehen ihn lang, lockern Sie jedes Gelenk. Brust und Brustspitzen sind sehr pflegebedürftig, auch bei manchen Männern. Und der Bauch braucht viel Zuwendung. Wenn die Hände schon ganz warm sind von der Massage, legen Sie sie fest auf das Sonnengeflecht, den Solarplexus (sitzt in der Magengegend). Man kann manchmal spüren, wie dieses Nervenbündel pulsiert. Tief ein- und ausatmen und dann gleichmäßig und fest weiterstreichen. An den Lenden wird es leicht kitzelig, wenn Sie zu unentschieden weitermachen. Jetzt walken Sie lustvoll die Beine hinab und nehmen sich an den Füßen jeden Zeh einzeln vor. Die Reflexzonen auf der Fußsohle sind ein Abbild des gesamten Körpers und brauchen besonders viel Aufmerksamkeit.

Es kitzelt nur, wenn Sie zu sachte berühren. Mit sanftem Druck am Ballen, an der Kante entlang kneifen. Für die geheimen Stellen, an die Sie sich bis jetzt vielleicht noch nicht herangetraut haben, sind die Punkte innen an der Ferse unterhalb des Knöchels zuständig. Soviel sei verraten.

Nun drehen Sie den schmachtenden Lustmolch um und fangen wieder beim Kopf an. Der Nacken hat es gern mit sanften Fingerkuppen. Mit festen Knöcheln liebt es der Rücken. Immer an der Wirbelsäule entlang und dann den Druck über die Rippenbögen nach außen führen. Nun kommt der Po, der einen festen Griff mag.

Jetzt dürfen Sie sich verwöhnen lassen. Danach rubbeln Sie sich gegenseitig das restliche Öl vom Körper und wiederholen vielleicht das ganze Programm mit der Zunge.

Wer glaubt, daß die Haut nur eine Art Folie sei, die Wasser nicht rein- und Blut nicht rausläßt, der vergißt, daß viele Morde in der Geschichte mit Hilfe der «Hexensalben» verübt wurden, die giftige Pflanzensubstanzen enthielten. Ätherische Öle wirken auf alle unter der Haut liegenden Nerven und Organe.

Selbst in der Medizin werden gelegentlich Hormone über die Haut verabreicht, weil sie so schneller absorbiert werden als beim Einnehmen. Auch Vitamine werden manchmal über die Haut in den Körper geschleust. Auf jeden Fall ist die Absorptionsfähigkeit der Haut unumstritten.

Streichelöl, das schwach macht

E in besonders schönes Öl läßt sich mit Eisenkraut zubereiten. Das Eisenkraut, Verbena officinalis, galt schon im Altertum als eines der wirksamsten Zauberkräuter überhaupt. Es war den Göttinnen Demeter und Persephone heilig und dem Gott Zeus. Es sollte zum Beischlaf antreiben. Wenn die Blätter der Verbenen in Wein gegeben werden, rufen sie unter den Gästen Heiterkeit hervor, sagt man. Verbenen waren den Römern hochheilige Pflanzen, sie nannten sie auch «Tränen der Juno». In Ägypten hießen sie «Tränen der Isis», was auf eine der üblichen Ursprungssagen hinweist, wonach sie aus den Tränen der Göttin, die sie aus irgendeinem speziellen Liebeskummer vergossen haben soll, erwachsen ist.

● *10 g getrocknete Verbenen* ● *10 g getrocknete Rosenblätter*

werden zerkleinert und mit Avocadoöl oder einem anderen fetten Öl bedeckt, verschlossen und drei Wochen lang in dunkle Wärme gestellt. Danach filtern und gebrauchen.

Extravagante Spiele

Prickel für die empfindlichsten Stellen

Honig. Egal, ob von Rapsblüte oder Tanne, vom Berg oder aus der Heide. Einfach Honig. Er durchblutet die zarte Haut der Klitoris und der Eichel und ist deshalb ein sehr wirkungsvolles Aphrodisiakum, weil er unbedingt wieder abgeschleckt werden muß, bevor es weitergeht.

Heiße Massage

Um die Blutzirkulation anzuregen und sich so gegenseitig stärker zu erregen, pflegten die Menschen lange Zeit eine besondere Form der Massage. Sie schlugen sich mit Brennesselruten auf den gesamten Becken- und Bauchbereich. Die Genitalien nicht zu vergessen. So wurde der Körper aufgeheizt und die Nervenenden sensibilisiert. Diese Art der Anmache war jahrhundertelang üblich. Die sonst eher bekannte Form der Flagellation wird mit Weidenruten ausgeführt. Das löst bei manchen Menschen heftige erotische Gefühle aus.

Brandsalbe für unsere SM-Freunde

Ein Eßlöffel voll feinstem Nußöl wird angereichert mit einem halben Teelöffel voll rotem Cayennepfeffer. Diese Salbe ist absolut ätzend und besonders schmerzhaft an zarten Häuten.

Flugsalbe nach Hexenart

Die berühmteste und berüchtigtste Salbe aller Zeiten war wohl die Flugsalbe, mit denen sich die Hexen angeblich einrieben, bevor sie sich auf ihre Besen schwangen und zu ihren orgiastischen Ausflügen starteten. Es gibt kein sicheres Rezept für die Dosierung der einzelnen Zutaten, da dieses Wissen seit der Antike immer nur mündlich überliefert wurde und vor ein paar Jahrhunderten zusammen mit den Hexen auf den Scheiterhaufen verbrannt wurde. So können wir uns heute nur auf das berufen, was im Laufe der Zeit von Wissenschaftlern und modernen Kräuterkundigen zusammengetragen wurde, und das ist unvollständig. Es gibt Untersuchungen über die am häufigsten genannten Zutaten der Flugsalben. Blätter vom Bilsenkraut, Schierling, Alraune, Pappel und der Saft vom wilden Sellerie, Sturmhut und Fünffingerkraut waren wohl immer dabei. Auch Fledermausblut, Schlangen und Kröten wurden verarbeitet. Ob Babyfett tatsächlich nötig war oder ob die verwerfliche Gewinnung den Hexen nur zugeschrieben wurde, um sie schlechtzumachen, ist ungeklärt. Letzteres ist wahrscheinlicher, denn außer als Fettbasis hat es keine Wirksamkeit. Auf jeden Fall sind in den vorhandenen Rezepten viele wirksame Substanzen vorhanden, die, in falscher Dosierung, auch äußerlich angewandt, tödlich sein können. In der richtigen Dosierung wirken sie aphrodisisch, Schwindel erzeugend, lähmend, einschläfernd oder halluzinogen. Die ausgeklügelten Mixturen waren gefährlich und verlangten eine genaue Kenntnis der Pflanzen. Abgesehen davon, daß diese Kenntnis nur durch äußerst verwegene Selbstversuche über lange Zeiträume wieder zu erwerben wäre, ist es wenig wahrscheinlich, daß wir in einer toxogenen Ekstase heutzutage die gleichen Erlebnisse hätten wie die Frauen damals.

Nach den überlieferten Aussagen führte die Reise, der «Trip», zur Walpurgisnacht auf den Blocksberg, und will man den unter Folter erpreßten Geständnissen der Angeklagten glauben, so hatte der teuflische Liebespartner, der sie die ganze Nacht hindurch unermüdlich beglückte, ein riesiges eiskaltes Glied. Aber mit dieser Aussage haben die verzweifelten Frauen wohl nur die lüstern lauernden Richter befriedigen wollen. Wer weiß schon, was beim Teufelstanz wirklich geschah?

Experimente mit Flugsalben gingen sehr unterschiedlich aus. Einer der Experten für Magie und Hexenkunst, Dr. Karl Kiesewetter, fiel bei einem seiner Selbstversuche eines Tages einfach tot um. Dr. Will-Erich Peuckert, ein anderer bedeutender Hexenforscher, erlebte 1927 «... traumartig ... wilde, aber doch beherrschte Flüge ... ausgelassene Gelage ... und erotische Zügellosigkeiten». Das klingt zwar so, als sei er wirklich abgehoben, aber überzeugend ist das nicht. Schon gar nicht sicher ist, ob er auch nur annähernd bis dahin vorgedrungen ist, wo sich Hexenflug und Hexensabbat vielleicht wirklich zugetragen haben, nämlich losgelöst in einer Sphäre, die, nach Meinung vieler, unabhängig vom Körper existiert.

Sternzeichen und ihre Nasen

Alle Pflanzen unterliegen dem Einfluß verschiedener Planeten, die mit ihrer Energie auch die verschiedenen Sterne beeinflussen und beherrschen.

Alle Pflanzen und die ätherischen Öle, die wir aus ihnen gewinnen können, haben besondere Wirkungen und eine starke Affinität zu den Körpern und Seelen, die von den gleichen Planeten beeinflußt werden.

Für alle Sternzeichen gibt es also ganz spezielle Duftmischungen, Pflanzen und Essenzen, die angenehm und anziehend, anregend oder gar verführerisch wirken.

Aus diesen Essenzen kann man ein nach astrologischen Gesichtspunkten untadeliges Badeöl, einen Puder oder ein Parfum de toilette herstellen, welche dem erhabenen und zugleich erdhaften Zwecke dienen, jemanden umzuwerfen und nach allen Regeln der Kunst zu verführen. In welchem Verhältnis die Zutaten vermischt werden, sehen Sie auf Seite 27.

Widder ·

Der Widder hat eine kämpferische Natur. Er kann einfach nichts abwarten und will immer alles sofort. Wenn es sein muß, geht er mit dem Kopf durch die Wand. Der Widder fliegt auf rote Wäsche. Er braucht viel Wärme und liebt den Duft von Zypressen. Dieser dynamische Typ, von Mars beherrscht, der sowohl intensiv konstruktiv als auch zerstörerisch sein kann, wenn seine Kräfte sinnlos walten, ist mit den Düften von Moschus, Pfeffer und Myrrhe leicht zu erhitzen.

Stier ·

Der Stier schätzt die Harmonie und die ländliche Ruhe. Er ist ein künstlerischer Typ, der delikate zarte Farben auch im Bett mag. Venus beeinflußt den Stier am stärksten und weckt den Hang zur Sinnlichkeit, zu Luxus und Genuß. Rose, Jasmin, Ambra, Sandelholz, Styrax, alles natürlich von feinster Qualität, sind die Düfte, die ihn zu Ausschweifungen verleiten.

Zwillinge •

Der Zwilling ist mit Merkur im Bunde. Von ihm hat er seinen Witz und seine Schnelligkeit. Der Zwilling ist ein unterhaltsamer Partner, oft geistreich und geschickt, auch im Bett. Die Farbe Gelb findet er flott, und die sanften, frischen Düfte von Sandelholz, Melisse, Muskat und Narzisse entzücken ihn.

Krebs •

Der Krebs hat ein phantasievolles, überschwengliches Wesen. Sein Planet ist der Mond, der mit seinem Einfluß auf die Lebensrhythmen die Wechselhaftigkeit dieses Sternzeichens prägt. Krebse sind einerseits mütterlich, sinnlich, gefühlvoll, andererseits wild und von rohen Instinkten getrieben. Die sensible Krebsnase lockt es heftig zu den schweren Düften wie Jasmin, Patschuli und Ylang-Ylang, aber auch Melisse und Muskat, Lotos und Lilie ziehen sie stark an.

Löwe •

Löwen lieben die Sonne. Sie sind herrschsüchtig, schöpferisch und hochherzig, schwärmen für Glitter, Glanz und echtes Gold. Sie haben einen ausgeprägten Sinn für Effekte und Inszenierungen, auch im Schlafzimmer. Der feierliche Duft von Weihrauch schmeichelt ihnen, auch Zimt und Benzoë. Besonders reizen den Löwen auch die würzig-vitalen Düfte von Rosmarin und Patschuli.

Jungfrau •

Die saubere und standhafte Jungfrau wird von Merkur beeinflußt. Von ihm hat sie ihren Intellekt, ihre Gewandtheit in Sprache und Schrift. Aber auch ihre Ordnungsliebe, die manchmal in Pedanterie ausarten kann. Um die Vernunft der Jungfrau ins Wanken zu bringen, muß man sie in ihrer enormen Hingabefähigkeit bestärken. Ein dunkles Violett im Bett und dann der Duft von Sandelholz, Hyazinthe, Zimt oder Melisse werden sie hinreichend schwach und wach machen.

Waage •

Die liebreizende Waage ist leicht aus dem Gleichgewicht zu bringen. Bei ihrem Hang zum Flirt und zur Frivolität reichen schon blasse Töne wie Hellblau und Rosa, um sie in die Kissen zu ziehen. Da sie mit Haut und Haar unter dem Zeichen der Venus steht und wohlige Entspannung, Musik und Harmonie über alles schätzt, wird sie prompt auf ausgewogene Mischungen mit dem venusischen Benzoë und Sandelholz, auf Veilchen und Verbene hereinfallen.

Skorpion • Der

überaus leidenschaftliche Skorpion wird von Mars und Pluto zu Intensität und Eifersucht getrieben. Der Skorpion liebt kräftige Farben, und ein starkes Rot, möglichst glänzend, wird ihn entflammen. Da der Skorpion geschlechtlich sehr vital ist, erübrigt sich eine raffinierte Verführungsstrategie. Würzige Düfte von Pinie, Patschuli und Nelkenblüten werden ihn umwerfen, und nachtragend, wie er ist, wird er nie vergessen, was ihm diese entlockt haben.

Schütze • Der Schütze ist immer King. Das

bläst ihm Jupiter ein, der größte unter den Planeten unseres Sonnensystems. Der Schütze denkt unkonventionell, freimütig und verwegen. Da er unternehmungslustig und sehr begeisterungsfähig ist, dürfte es nicht schwer sein, ihn ins Bett zu ziehen. Die Bettwäsche in anmaßendem Königsblau oder Purpur könnte ihm gefallen. Außerdem liebt er Zeder, Nelke und Narde. Vielleicht gelingen ihm mit Hyazinthen, Ambra und Zimt erotische Höhenflüge.

Steinbock • Edles Dunkelgrau und Lackschwarz liebt der Stein-

bock. Saturn treibt ihn zu Raffinesse, Sorgfalt und Geduld, aber auch zu Etepetete. Um den Steinbock aus der Reserve zu locken, braucht es unbedingt feinste Duftmischungen mit Zypresse, Moschus, Vetiver oder Pinie. Die werden ihn beleben.

Wassermann • Der Wassermann wird von Uranus beherrscht.

Er liebt die Individualität. Er schätzt seine Unabhängigkeit und mag immer wieder Abwechslungen, besonders in der Liebe. Nichts ist ihm so verhaßt wie Regeln, Ordnungen und starre Systeme. Aber man braucht einen Wassermann ja nicht unbedingt zu einer Heirat zu zwingen. Vetiver, Myrrhe, Zypresse und Indische Narde vermögen ihn eine ganze Weile zu fesseln, und wenn er dazu noch in einem ungewöhnlich aufreizenden Blau liegen darf, wird er seinen schon sprichwörtlichen Erfindungsreichtum sicher auch im Bett entfalten.

Fische • Die verschwommenen, oft zerstreuten, aber so

liebevollen und mitfühlenden Fische verführt man am besten in meergrüner Bettwäsche.
Da gehören sie hin, da fühlen sie sich wohl. Sie mögen das Ungewisse, Unbestimmte und
sind für andere Menschen schwer zugänglich. Neptun ist der Planet, der sie in der Schwebe
hält. Ihre Phantasie ist grenzenlos, ihr Innenleben reich. Wenn Fische Nelke und Koriander, Narde oder Lavendel schnuppern, nehmen ihre Vorstellungen durchaus Gestalt an,
und es fällt ihnen wie Schuppen von den Augen, wenn ihnen klar wird, was sie die ganze
Zeit schon wollten.

Wunschträume einer Verliebten

Nah' des Hymettus Blütenpracht, im Purpurhügelschatten,

       Da rinnt ein heil'ger Quell dahin durch weiche, grüne Matten.

Von Rosmarin und Lorbeerhauch und Myrtenduft erfüllet,

       Schließt sich zum Hain der niedre Wald. Die Erdbeerstaude hüllet

Das Gras; der Buchsbaum ballt sein Laub, und Tamarisken schwanken

       Um wohlgehegte Pinien, dran zarte Wicken ranken.

Vom linden Zephyr leis bewegt in wohltätigem Hauche

       Nickt jedes Hälmchen in dem Gras, nickt jedes Blatt am Strauche.

Hier ruhet gerne Cephalus. Die Jäger und die Hunde

       Läßt er zurück; er lagert sich allein im stillen Grunde.

«Nimm mir die Gluten!» rastend singt's der Jüngling auf der Wiese,

       «Willkommen meinem Busen, komm, du leichtbewegte Brise!»

Mit hämischer Beflissenheit wird's Procris hintertragen,

       Und wohlbewahrt weiß ihrem Ohr das Lied man vorzusagen.

Sie hört's und wähnt, die Brise sei die Buhle, die er herze.

       Da sinkt sie um, da wird sie stumm vor allzu jähem Schmerze;

Da wird sie bleich wie Rebenlaub, das sich am Stock entrötet,

       Wenn nach der Traubenlese es der junge Winter tötet,

Wie reife Quitten, die den Ast gekrümmt hernniederziehen,

       Wie Kornelkirschen, die noch nicht zur Speise sind gediehen.

Zu sich gekommen, reißt sie von der Brust ihr Kleid in Fetzen,

       Die holden Wangen will sie mit den Nägeln sich verletzen,

Rast über Stock und Stein dahin mit offnem Haar und lärmet

       Vor Wut wie die Bacchantin, die verzückt von Thyrsos schwärmet.

Dem Orte nah', läßt ihr Gefolg sie in dem Tale rasten,

       Um selber heimlich nach dem Hain auf leisem Fuß zu hasten.

Ovid

Erotische

Räucherungen

und

Aromalampen

für die

liebevolle

Erleuchtung

Erotische

Räucherungen

und

Aromalampen

für die

liebevolle

Erleuchtung

Außer der gewünschten eleganten, erotisierenden oder erfrischenden Wirkung erreichte man früher beim Aromatisieren von Räumen auch noch ganz nebenbei, daß Infektionen sich nicht ausbreiteten. Besonders erfolgreich gegen Bakterien in der Luft sind Eukalyptus, Zitrone, Rosmarin, Thymian und Rose. Die Salons und Krankenzimmer bei Hofe wurden beduftet, indem man mit einem Blasebalg parfümierten Puder in die Räume stäubte. Raumparfüms haben in vielen Ländern eine lange Tradition. Heute gelten sie als Bestandteil einer neuen Wohnkultur und halten seit kurzem auch in der Geschäftswelt Einzug. Der Duft von ätherischen Ölen weckt Erinnerungen, lockert starres Verhalten, weitet den geistigen Horizont. Manchmal merkt man erst nach einem arbeitsreichen Tag, wie gut, gelockert, heiter oder erfolgreich eine Sitzung verlaufen ist, bei der eine Duftlampe die Atmosphäre bereichert hat. Die Großstadtnasen sind voll von giftigen Abgasen, staubigen Auslegewaren, trockenen Klimaanlagen, stinkigen Synthetiks. Diese dicke Luft macht uns nervös und lenkt die Phantasie, die Stimmung, die Erinnerung, das Gefühl immer wieder in die gleiche Richtung: Geschwindigkeit und Geld. Manch einer hat den falschen Luxus satt und will die Schmach der duftlosen Blumen in der hydrokultivierten Bürolandschaft nicht länger ertragen. Jetzt müssen wieder unverfälschte Düfte der Natur her, der Wohlgeruch von Hölzern und Harzen, von Blumen, Wäldern und Wiesen, von Wasser und Salz und warmer Erde, damit unsere Erinnerung nicht verkümmert und die Nase nicht verblödet. Wer dafür nicht aufs Land ziehen will, schafft sich eine Duftlampe an. Auch im Büro tut der Gedanke an einen Spaziergang unter würzigen Pinien am salzigen Meer gut und beflügelt Phantasie und Energie. Der Duft wird zwar nach einer Weile nicht mehr wahrgenommen, aber die Stimmung bleibt, und jeder Besucher wird leuchtende Augen bekommen, laut schnüffelnd an der Luft schmekken und fragen, was das wohl sei. Nase und Hirn erkennen klar: Weder Raumspray noch Körperparfüm liegen hier in der Luft. Vielleicht ist es nur Rosmarin oder Pinie. Das duftet zwar nicht so «schön» wie ein Parfümgemisch, aber es geht körperlich und seelisch sehr tief da hinein, wo in diesem Besucher Sehnsüchte schmachten und Erinnerungen ihn weich und schwach machen. Die einfachste und zugleich wirkungsvollste Methode, rund ums Lotterlager erotisches Flair zu verbreiten oder sich schon im Büro darauf einzustimmen, ist der Gebrauch von Duftlampen, von denen jener Duftschleier aufsteigen kann, den Victor Hugo «Himmelshauch» nannte und der angeblich an himmlischen Wesen haften soll. Jeder, der schon mal den Himmel offen sah, wußte zu berichten, daß es dort betörend nach Lilien duftete. Die Lilie hat aber im Schlafzimmer nichts zu suchen. Lilien waren der Aphrodite verhaßt, denn sie waren der Hera geweiht, der Göttin und Schutzpatronin der Mütter und Ehefrauen. Mit denen hatte Aphrodite nicht viel im Sinn. Göttinnen und Götter früherer Zeiten ließen sich gern durch Rauchopfer ergötzen. Wer ihre feinen Nasen beeindrucken konnte, bekam alles von ihnen. Auch beim Gastmahl waren Räucherungen zu Ehren der Götter üblich. Daß aber auch diese heiligen Handlungen nie nur mit frommem Ernst gesehen wurden, beweist folgende Anekdote: Eines Tages lud König Philipp von Makedonien den berühmten Arzt Menekrates ein, um ihm einen Denkzettel zu verpassen. Denn der eitle Menekrates mit seinen Allmachtsgefühlen nannte sich selbst «Zeus» und wünschte auch, so angeredet zu werden. Seine Begleiter nannten sich nach anderen Göttern. Als es nun ans Zechen und Zehren gehen sollte, ließ der König dem Pseudo-Zeus und seinen Göttern in Weiß an Stelle der Speisen Rauchopfer servieren. Da konnten sie nur trocken schlucken. Auch in anderen Kulturen spielten Rauchopfer eine große Rolle. Vor allem, um die sexuelle Begierde anzustacheln, denn die galt ja als göttlich. Die Priester der Maya rauchten Tabak und Stechapfelblätter. Noch besser auf den göttlichen Akt vorbereiten konnte der Rauch einer Zigarre – indem man ihn auf die Genitalien blies. Mit Cannabis soll es noch stärker wirken. In China war die erotisierende Wirkung von Rauchwerk unumstritten, so daß es sogar der spontanen Verführung diente. Leute mit Absichten trugen solche Liebesmittel immer im Beutelchen bei sich. Warum die Gewohnheit nicht übernehmen? Mit Rosmarin, einem Stückchen getrocknetem Ingwer oder einem Stückchen Zimtrinde läßt sich auch im Restaurant eine kleine Räucherung im Aschenbecher veranstalten. Das geht unauffällig, stört bestimmt niemanden, raucht leichter und riecht dezenter als eine Zigarette und wird die Menschen am Nachbartisch gleich mit bezaubern. Vielleicht sogar den Ober.

Grundausstattung
für die aromatische Atmosphäre

● *1 Duftlampe*

Duftlampen gibt es in den verschiedensten Formen, aus Keramik, Stahl, Glas oder Messing. Sie können auch ein hübsches Schälchen auf ein Stövchen stellen. Das Teelicht darunter brennt etwa drei Stunden, und das Wasser wird gerade so heiß, daß sich ein leichter, duftender Dampf erhebt. Variieren Sie die angegebenen Mengen. Manche Düfte sind Ihnen vielleicht zu stark, so daß sie nicht mehr angenehm wirken. Suchen Sie in Kunstgewerbeläden oder in Geschäften, die auch mit ätherischen Ölen handeln. Im Bezugsquellenverzeichnis auf Seite 181 sind Läden genannt, die ein spezielles Duftlampensortiment führen.

1 feuerfestes Tellerchen für Räucherungen oder eine kleine Pfanne, die über einer Flamme erhitzt wird, Spezialkohle, die sich leicht entzündet, zum Verkokeln von Gewürzen und Weihrauch. Sie wird auf das Tellerchen gelegt und dann erst angezündet. Die Kohle brennt von selbst durch. Das liegt am Salpeteranteil.

● *Ätherische Öle*

● *Weihrauch*

● *Myrrhe*

● *Benzoë*

Eigenschaften der duftenden Substanzen siehe Seite 170. Die folgenden Aromarezepte für Duftlampen können auch zum Baden verwendet werden. Zu diesem Behufe wird die Menge der ätherischen Öle im gleichen Verhältnis zueinander erhöht und mit Pflanzenöl vermischt. Siehe auch das Grundrezept für schwimmendes Badeöl auf Seite 82. Oder Sie tröpfeln die ätherischen Öle direkt in die Badewanne. Wenn Sie sie in etwas Milch verrühren und diese dem Badewasser beimischen, verbinden sich die Flüssigkeiten gut miteinander.

Antike Duftschwelgerei

Weihrauch und Myrrhenbröckchen • *Spezialkohle* • *feuerfestes
Tellerchen oder kleine Pfanne*

Balsam, Styrax, Benzoë, Myrrhe, Weihrauch, Mastix, Labdanum sind Harze, die von Bäumen und Sträuchern abgesondert werden, entweder freiwillig oder indem man der Pflanze Schnitte beibringt. Diese Harze werden in arabischen Ländern zum Räuchern benutzt, wobei nach der Mahlzeit eine kleine viereckige Dose aufgestellt wird, deren oberer Teil an den Seiten durchbrochen ist. Das Gefäß ist aus Keramik und mit Kohle gefüllt, auf welche ein paar Bröckchen wohlriechenden Harzes gelegt werden, bis sich ein dichter Rauch entwickelt. Das Gefäß wird herumgereicht, und jeder der Gäste läßt den Rauch unter seinen Bart, unter das Kopftuch und unter das Hemd strömen, um dem ganzen Körper etwas von dem köstlichen Duft mitzuteilen, der ein paar Stunden anhält. Ebensogut kann man duftende Holzspäne verbrennen oder beides zusammen mit ätherischen Ölen. Am besten geht es mit einem mit Spezialkohle gefüllten Räucherbehälter, aber ein Räucherpfännchen, über einer Kerzenflamme erhitzt, tut es auch.

Weihrauch und Myrrhe waren seltene Harze und erschienen sogar den Heiligen Drei Königen wertvoll genug als Geschenk für das soeben geborene Jesuskind.

Der Duft ist sehr katholisch und eignet sich gewiß für eine kirchliche Trauung.

Für die Hochzeitsnacht sollten Sie Weihrauch lieber mit anderen Aromata mischen, sonst wird es zu feierlich.

Räucherung für den ersten gemeinsamen Abend

5 Tropfen Sandelholz • 2 Tropfen Rose • 1 Tropfen Neroli

2 Tropfen Ylang-Ylang • Wasser

Dieser Duft hat eine entspannende und gleichzeitig aphrodisierende Wirkung. Er ist genau das richtige für Verliebte, die noch ein bißchen Angst voreinander haben.

Liebesräucherung der Venus

Diese Räucherung darf nur vorgenommen werden, wenn Venus am Abendhimmel steht, am besten freitags, andernfalls könnte sie dem eingeräucherten Paar sogar Schaden zufügen.

8 Teile Weihrauch • 4 Teile Sandelholz • 4 Teile Zimt

2 Teile Veilchenwurzel • 2 Teile Rose • 2 Teile Moschus

Diese harten und weichen Substanzen werden in einer kleinen Pfanne auf einem Stövchen erhitzt und umhergetragen, oder man zündet sie auf einer Spezialkohle an.

Räucherwerk für Liebesstunden

1 Likörglas Rosenwasser • 20 Gewürznelken

Die Gewürznelken werden in einer Kaffeemühle pulverisiert und mit dem Rosenwasser vermischt. Die Pfanne wird nun erhitzt und ein wenig von der Mischung hineingekippt. Damit wandele man durch die Räume, die eine erotische Atmosphäre bekommen sollen. Dann wieder die Pfanne erhitzen und wieder ein wenig von der verdampfenden Flüssigkeit umhertragen, bis alle Räume duften.

Räucherung, um einen unwilligen Geliebten umzustimmen

Diese Räucherung hieß bei den Ägyptern «Fröhlichkeitsräucherung». Sie darf nicht zubereitet werden, wenn die kämpferischen Planeten Mars oder Saturn am Horizont aufsteigen. Sie verkörpert ebenfalls die harmonische, liebevolle, erotische Eigenart der Venus und besteht aus

Jasminblüten ● *rotem Sandelholz* ● *Rosenblüten* ● *Ylang-Ylang*
● *Benzoë* ● *Ambra*

Dieses Räucherwerk trägt man in einem Pfännchen durch die Räume, wenn der oder die Geliebte uninteressiert wirkt.

Rauch, der Sehnsucht und Verlangen weckt

● *1 Teil Weihrauch* ● *1 Teil Myrrhe*
● *1 Teil Patschuliblätter* ● *1 Teil Veilchenwurzel*
● *3 Teile Sandelholzspäne* ● *20 g Salpeter*

Alles zusammen wird auf einer feuerfesten Unterlage angezündet. Salpeter sorgt dafür, daß es beim Abbrennen geheimnisvoll funkelt. Diese Räucherung soll der ebenso schönen wie raffinierten Kleopatra als spezielles Liebesmittel gedient haben, um die Sinne ihrer Favoriten zu verwirren. Jedenfalls hat sie es verstanden, Männer sexuell abhängig zu machen, so daß sie ihre ergebenen Liebessklaven wurden.

Tantrisches Räucherwerk

n den tantrischen Schriften, dem erotischen Kult der Ekstase in Indien, werden Meditationen und Rituale beschrieben, die mit besonderen sexuellen Techniken begangen werden, auch unter Verwendung bewußtseinsverändernder Drogen. Das Ziel ist die Erleuchtung, die dadurch geschieht, daß die beiden kosmischen Prinzipien männlich und weiblich durch die Vereinigung von Mann und Frau wieder zur Ureinheit zusammenfinden.

Die zusammengerollte Kundalinischlange, die sich nach bildhafter altindischer Lehre im Becken des Mannes und der Frau befindet, muß ernährt und erweckt werden, damit die Kundalinienergie durch die Chakren, die sieben Energiezentren, gleiten kann bis in den Kopf, wo sie den tausendblättrigen Lotos erstrahlen läßt.

Die Kundalinischlange ernährt sich am liebsten von Sperma. Deswegen soll der Mann nicht allzu freizügig damit umgehen und lernen, auch ohne Ejakulation die höchsten Wonnen zu genießen, da sonst seine eigene Kundalinischlange zuwenig Nahrung bekommt.

Sperma gilt im Tantrismus als kräftiges Liebeszaubermittel und heiliges Aphrodisiakum, das der Kundalinischlange durch sämtliche Körperöffnungen zugeführt werden kann.

Die Kundalinischlange ernährt sich aber nicht nur von Sperma und vom Kosmos, mit dem sie der menschliche Atem verbindet, sondern auch von Cannabis. Das göttliche tantrische Paar kann ein Pfeifchen rauchen und sich in einem besonderen Ritual, zur Freude der Kundalinischlange, den heiligen Rauch direkt in alle Leibesöffnungen blasen.

Rauchende Mondkugeln

● *getrocknete Blütenblätter von duftenden Rosen* ● *getrocknete Kamilleblüten* ● *gemahlene Wurzel der Florentiner Schwertlilie (auch Veilchenwurzel)* ● *Benzoëharz* ● *Rosenwasser*

Alle Zutaten werden im Mörser oder, besser, im Mixer zerkleinert und mit dem Harz und dem Rosenwasser zu einer dicken Paste verknetet. Aus dieser Paste kann man nun kleine Kugeln formen, ungefähr von der Größe einer Muskatnuß. Die Kugeln werden in Pergamentpapier eingewickelt und eine Woche lang in die Sonne zum Trocknen gelegt. Im Norden, wo die Sonne nicht so oft scheint, trocknen die Mondkugeln auch bei 50 Grad im geöffneten Backofen.

Wenn sie trocken sind, kann man die gefüllten Papierkugeln in einem Deckelgefäß aufbewahren, damit der lunare Duft nicht flüchtet. Wenn der festliche Abend naht, an dem aller Krampf und Streß der Wonne und hingebungsvollen Zärtlichkeit weichen soll, wird eine Mondkugel entblättert und in die heiße Holzkohle eines Kamins gelegt. Auch in einer Pfanne oder auf einer Spezialkohle entfaltet die Mondkugel ihre inspirierende Kraft.

Aromatische Duftlampen

Schlafzimmerduft

1 Tropfen Jasmin • 6 Tropfen Rose • 3 Tropfen Ylang-Ylang
Wasser

Jasmin und Rose sind kostbare und schöne Düfte, die sogleich zu Kopf steigen und auch nach unten. Im Schlafzimmer schaffen sie eine ungemein erotische, in diesem Falle weibliche Atmosphäre.

Duft für ein neues Abenteuer

Das ätherische Öl von Weihrauch wird aus dem Harz gewonnen. Die Essenz ist gelblich und duftet balsamisch und würzig. Der durchdringende Duft und seine Fähigkeit, die Atmung zu vertiefen, sind nützlich bei der Meditation. In der Aromatherapie wird Weihrauchessenz angewendet bei Grübelsucht, Unentschlossenheit und unbestimmten Zukunftsängsten.

5 Tropfen Weihrauch • 3 Tropfen Sandelholz
3 Tropfen Rose • Wasser

Diese Mischung ist sehr verführerisch und duftet köstlich. Sie hilft über so manchen Kummer hinweg, macht den Kopf von quälenden Gedanken frei und stärkt die Entschlossenheit, alte Zöpfe abzuschneiden.

Düfte fürs Büro – kurz vorm Heulen

10 Tropfen Bergamotte ● 2 Tropfen Pfefferminz ● Wasser

Pfefferminzöl ist scharf. Es putzt die Atemwege. Man kann wieder tief Luft holen. Pfefferminz weckt neues Interesse, und der ganze Mensch wird wach und offen für neue Anregungen. Bergamotte erfrischt und stimuliert die solaren Energien. Das ist die Power, die uns heiter stimmt.

Außerdem duftet es sehr schön. Es macht den Pfefferminzgeruch etwas weniger scharf-sauber-frisch. Diese Duftmischung ist ein Segen, wenn die Luft von schlechter Laune und Ungeduld schon dick und schwer ist.

Düfte fürs Büro – kurz vor Feierabend

8 Tropfen Sandelholz ● 3 Tropfen Ylang-Ylang
● 3 Tropfen Patschuli ● Wasser

Diese Komposition stimmt wohlig anregend und lustvoll. Das ist mitten am Tag nicht so günstig für die Arbeitslust, aber gegen Abend, wenn die letzte Post raus ist, erhöht sie die Vorfreude auf einen angeregten Abend.

Duft für den späten Nachmittag

8 Tropfen Bohnenkraut oder weniger • *Wasser*

Passend für den frühen Abend ist ein Bohnenkraut-Flair. Das ätherische Öl duftet streng und pfeffrig, entspannt und schafft eine ausgeglichene Grundstimmung für eine erotische Initiative am Abend. Es aktiviert, regt den Intellekt an und steigert die Leistungsfähigkeit im Kopf. Ein paar Tropfen mehr, oder gar viele, ziehen die Energie im Körper weiter nach unten. Dafür ist Bohnenkraut berühmt. Das mag im Büro unangebracht sein, aber wenn Sie es nicht übertreiben, dann wird sich Ihre Euphorie in schicklichen Grenzen halten.

Duft für den getriebenen Angestellten

6 Tropfen Lavendel • *6 Tropfen Eisenkraut (Verbenen)* • *Wasser*

Diese Mischung hilft einem Menschen, der nicht mehr weiß, wo ihm der Kopf steht, der nicht mehr weiß, mit welcher Arbeit er zuerst beginnen soll, und der doch pünktlich bei seinem Schatz sein will. Lavendel besänftigt, und Eisenkraut regt die Denkprozesse an. Plötzlich wird alles sonnenklar, die Kombinationsfähigkeit stellt sich wieder ein, alle Aufgaben können mit Konzentration und Entschlossenheit bewältigt werden.

Feierlicher Duft für Festtage

3 Tropfen Zimtöl • *5 Tropfen Zedernholzöl*
3 Tropfen Veilchenöl • *Wasser*

Das verbessert die Luft und steigert die Lust. Ein Rezept der alten Griechen, die so gerne feierten.

Duft für eine berauschende Nacht

● 6 Tropfen Muskatellersalbei ● 2 Tropfen Ylang-Ylang

● 2 Tropfen Jasmin ● Wasser

Muskatellersalbei wirkt manchmal euphorisierend. Es scheint, als ob er alle Last von der Seele nehmen könne und ihr statt dessen Kraft, ja Frivolität einzuflößen vermöge. Sein angenehmer frischer Duft weitet den Horizont. Er gehört wie auch Ingwer, Rose und Geranie zu den Düften, die das Venusprinzip darstellen: Liebe, Harmonie und sexuelle Energie.

Duft für eine Liebe, die jung bleiben soll

● 1-2 Tropfen Nelkenöl ● 8 Tropfen Ingwer ● Wasser

Nelkenöl ist stark und würzig, weshalb man nur wenig davon nehmen sollte. Es wird den Essenzen zugeordnet, die die lunare Energie unterstützen. Das sind die Kräfte, die Kreativität und die Bereitschaft fördern, sich auf schwungvolle Liebesbeziehungen einzulassen. Vielleicht gelingt es mit diesem Duft, den Schnee von gestern und quälende Gedanken zu verdrängen.

Nelkenöl erleichtert vielleicht auch den Trennungsschmerz, wenn es mit Ingweröl vermischt wird. Denn Ingweröl wirkt energetisierend und verstärkt die Lust auf neue Umgebungen, auf das Verlassen der gewohnten Bahnen, auf Zügellosigkeit, auf neues Spiel und neues Glück. Das tut besonders einer Liebe gut, die schon älter ist und die für einen neuen Thrill die alten Gewohnheiten abstreifen sollte.

Mondtropfen

5 Tropfen Sandelholz ● *3 Tropfen Hyazinthe* ● *3 Tropfen Rose*
● *Wasser*

Diese Mischung ätherischer Öle ist das richtige für eine berauschende Vollmondnacht. Der Duft ist verlockend und verführerisch und wird einem Paar gefallen, das Sinn für Liebeskunst und kultivierte Liebesspiele hat.

Die Hyazinthe gehört zu den gefeierten Blumen des Altertums. In der «Ilias» Homers wird sie genannt als Bestandteil des weichen schwellenden Lagers auf dem Idagebirge, woselbst sich Zeus und Hera liebend ergötzten.

Entstanden ist die Blume aus dem Blute des Hyakinthos, den Apollo zwar innig liebte, aber eines Tages aus Eifersucht mit seiner Scheibe tödlich verwundete, als er ihn mit einem anderen beim Diskuswerfen erwischte. Apollo bedauerte seine Tat zutiefst und ließ zur Erinnerung an den früh verblichenen Liebling aus dessen Todesblut eine blutrote Blume sprießen, die mit dem Klagelaut AI-AI gezeichnet ist, der ihr bei den Griechen den Namen gab: die «Aua-Aua-Blume» also.

Duft für das heimliche und häusliche Glück

4 Tropfen Basilikum ● *4 Tropfen Geranie* ● *4 Tropfen Lavendel*
● *Wasser*

Dieser Duft soll stärkend wirken. Basilikum, das «königliche» Gewürz, wurde früher zur Steigerung der Sinnlichkeit benutzt. Außerdem ist es berühmt für seine gemüts-erhellende Wirkung.

Basilikum kommt in Zaubersprüchen und Mythen vor.

In einigen Teilen des amerikanischen Südwestens streuen die Ehefrauen Basilikumblätter über die Brust ihres schlafenden Gatten, wenn er sie betrügt. Mit diesem Ritual soll der Treulose dazu gebracht werden, wieder die Angetraute mit seiner sinnlichen Begierde zu beglücken.

Die Haitianer verstreuen Basilikumblätter in Wohnhäusern und öffentlichen Gebäuden, um Glück und Wohlergehen zu beschwören. Basilikum steht unter dem Schutze der haitianischen Liebesgöttin Erulie.

Duft für eine heiße Nacht

3 Tropfen Koriander • *3 Tropfen schwarzer Pfeffer*
4 Tropfen Jasmin • *Wasser*

Ein Duft, der anregt und scharf ist. Alle drei Düfte sind aphrodisisch und erhöhen die Wollust.

Duft für den Morgen danach

Wer triebhaft und leichtfertig in den Tag taumeln will, kann die Duftlampe vom Abend erneut entzünden. Falls aber der Sinn nach einer Erweckung und Erhellung steht, sollte man einen Duft wählen, der munter macht und Power gibt für einen ganzen langen Tag ohne den geliebten Menschen. Ist Mann oder Frau allein draußen in der feindlichen Welt, wird diese Mischung kämpferische Energien wecken.

3 Tropfen Zimt • *1 Tropfen Nelken* • *3 Tropfen Benzoë* • *Wasser*

Diese Öle sind sehr intensiv. Man braucht deshalb nur wenige Tropfen.

Duft für ein Paar, das etwas Pfeffer gebrauchen kann

3 Tropfen Kardamom ● *4 Tropfen schwarzer Pfeffer*
4 Tropfen Geranie ● *Wasser*

Vielleicht reicht das. Andernfalls kann die Mischung zusätzlich in die Badewanne gekippt werden.

Warmer Duft für eine Winterparty

2 Tropfen Gewürznelkenöl ● *2 Tropfen Orangenblütenöl*
5 Tropfen Kardamom ● *5 Tropfen Fichtennadel*

Dieser Duft macht fröhlich und sanft. Er erinnert an Weihnachten und daran, daß man sich auch nach der Party noch ein bißchen beschenken kann.

Wer die ätherischen Öle etwas besser kennt und sich mit ihren Düften vertraut gemacht hat, kann auch raffinierte Mischungen zusammenstellen. Aber je mehr man sich gewöhnt hat an die einzelnen Düfte, desto lieber mag man sie pur und desto weniger braucht man komplizierte Gerüche. Sind doch die Empfindungen, die sie einzeln auslösen, schon sehr vielfältig.

Komm und sieh mich an

Du mein Bruder, es ist süß,

zum Teich zu gehen,

um vor dir mich zu baden,

daß ich dich meine Schönheit

sehen lasse in meinem Hemd

von feinstem Königslinnen,

wenn es benetzt ist...

Ich steige mit dir ins Wasser hinab

und komme wieder

herauf zu dir

mit einem roten Fisch,

der schön auf meinem Finger liegt...

Komm und sieh mich an!

Altägyptisches Liebeslied

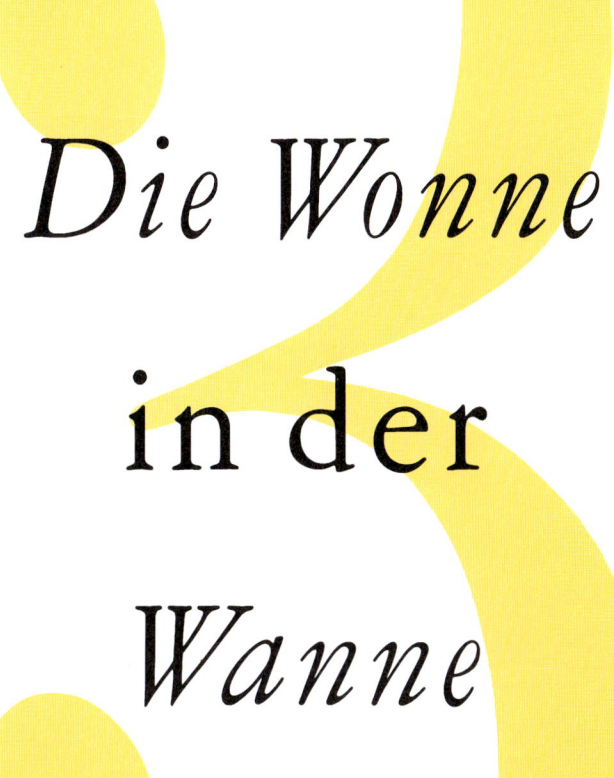

Die Wonne

in der

Wanne

Die Wonne

in der

Wanne

Bäder machen weich und willig. Wenn der Körper ganz umschmeichelt ist von köstlich warmem Wasser, dessen Duft in die Haut eindringt, wird auch die Seele bereit für die Liebe. Ein Bad ist die aufregendste Vorbereitung für eine Nacht zu zweit. Das wissen die Orientalen noch besser als wir und schon sehr lange. Bei ihnen ist vor allem das Bad vor der Hochzeitsnacht unerläßlich, wenn auch streng nach Geschlechtern getrennt. Dafür helfen Baderinnen den Frauen und Bader den Männern bei der sinnlichen Prozedur. Viele Hände reinigen jede Pore der Brautleute und entfernen alle Haare vom Körper der Braut, denn seidenglatt soll sie sein, die Geliebte. In Marokko wird sie dann ganz mit Henna eingerieben, bis ihre Haut zart und rosig aussieht wie nach dem heißesten Liebesspiel. In manchen Gegenden färbt die Baderin nur den glattrasierten Venushügel hennarot, er wirkt dann schon vorher bereit, und das mögen die orientalischen Männer. Den Bräutigam unterzieht man zwar keiner Hennabehandlung, auch nicht an seinen geheimsten Teilen, aber auch ihm wird die ganze Haut mit Bimsstein abgerubbelt, damit sie für die Nacht der Nächte schön streichelweich ist. Was in arabischen Ländern streng getrennt wird, dürfen Sie hierzulande auch gemeinsam tun. Allerdings empfiehlt sich dafür nur Ihr eigenes Badezimmer, denn die kommerziellen Saunabetriebe sind ein schwacher Ersatz für die Badestuben, die es früher mal bei uns gegeben hat. Auf den Maiblättern der Volkskalender des 15. und 16. Jahrhunderts zeigen Abbildungen, daß in den Badestuben getafelt und gezecht wurde, während man der Frau Venus frönte. Vor neckischen Spielchen im Zuber ließen sich Liebesleute gern ein wenig mit Birkenzweigen peitschen. Da brannte nicht nur die Haut, wenn sie ins heiße Wasser stiegen. Und mancher Hitzkopf soll dabei im nassen Sinnenrausch abgekühlt sein. Aber nicht deshalb mußten die

öffentlichen Badestuben schlie-
ßen. Schuld daran hatten auch
die Kirchenmänner, die der
Lust das Wasser abgraben wollten.
Doch der Hauptgrund dürfte das Wü-
ten der Lustseuche gewesen sein; die Sy-
philis machte dem Zauber im Zuber ein Ende.
Mit den Badestuben verschwand auch das allgemeine
und gemeinsame Badebedürfnis. Trotzdem hielt sich noch so
mancher Badeaberglauben. So hieß es, daß es gefährliche Folgen habe,
in die Wanne zu steigen, wenn der Mond in einem «heißen Zeichen» stehe, zum
Beispiel im Löwen, in der Jungfrau, in den Zwillingen oder im Steinbock. Der Donnerstag sei auch zu meiden, denn da wirkten Zauber besonders gut, und im Wasser
sei man den bösen Mächten besonders schutzlos ausgeliefert – wegen der Nacktheit. Also
hinein ins Bad am Donnerstag! Denn das scheint *der* Liebesbadetag gewesen zu sein. Ein
Bad ist nicht nur für die Liebe gut, auch für die Muße und den Genuß. Es regt an, entspannt, bie-
tet Raum für Meditation und gibt Geborgenheit. Das Unwichtigste beim Baden ist das Sauber-
werden, denn das geht auch mit Seife unter einem Wasserstrahl. Baden hält Leib und Seele
zusammen. Seit Beginn der menschlichen Kultur hat es nicht nur praktische, sondern auch
rituelle und soziale Bedeutung. Man denke an das Untertauchen in der «heiligen Mutter
Ganga», dem Ganges, oder im Jordan – bei der Taufe. Heute ist die Badewanne bei uns
kein besonderer Luxus mehr. Schließlich sprudelt uns das heiße Wasser jederzeit
aus dem Hahn und muß nicht mehr mühsam zubereitet werden. Aber was hält
Sie davon ab, dieses sinnliche Vergnügen wieder zu einem Fest zu machen?
In manchen Ländern pflegen die Menschen auch heute noch
den Brauch, Gäste ins Bad oder in die Sauna einzuladen.
Nirgendwo sonst kommt man sich näher – aus-
genommen im Bett. Gönnen Sie sich die
Zeremonie eines erotischen Bades, und
Sie werden süchtig danach.

Grundausstattung für das flotte Bad

Am Anfang aller Lust steht die Badewanne. Auch allein ist das Baden ein Genuß, aber ein Liebhaber oder eine Liebhaberin verschaffen zusätzliche Freuden. Die Wanne sollte groß genug sein, so daß zwei bequem darin liegen können. Wenn das nicht geht, sollte zumindest ein komfortabler Stuhl im Bad stehen, damit der Schatz zugucken kann oder vielleicht vorliest, während einer schon mal vorbadet.

Ohne anregendes Ambiente ist die Badeorgie nur das halbe Vergnügen. Also verteilen Sie üppige Grünpflanzen, oder legen Sie einen großen Blumenstrauß ins Waschbecken. Ein erotischer Kunstdruck, gut durch Plastikfolie geschützt, macht sich gut im Bad. Leise rieselnde Musik sorgt für Stimmung. Stimmen Sie aber den Zeitpunkt des Liebesbades mit dem Radioprogramm ab – Sprechsendungen sind das letzte, was ein dahinschmelzendes Paar gebrauchen kann. Am besten ist Entspannungsmusik, fragen Sie im Musikhandel danach. Auf jeden Fall sollte es Instrumentalmusik sein, da Sängerstimmen die Zweisamkeit «zerreden» könnten.

Schaffen Sie sich ein Badesäckchen aus Leinen oder Mull an. Das können Sie sich selber nähen oder schenken lassen. Dann brauchen Sie Meersalz, grob oder fein, das es im Reformhaus oder in den Lebensmittelabteilungen der Kaufhäuser gibt. Einen Luffa-Schwamm oder -Handschuh – aus dem rauhen, netzartigen Innengerüst einer tropischen Kürbisart – bekommen Sie in Gesundheitsläden oder ebenfalls im Reformhaus.

Zum Aufbewahren der verschiedenen Badeöle, Toilettenwässer und Meersalzbäder brauchen Sie schöne Gefäße, Karaffen und Flakons. Es gibt sie in gutsortierten Haushaltsgeschäften oder in Glasmanufakturen, die sich in fast jeder größeren Stadt finden lassen, wenn man in den Gelben Seiten sucht. Apotheken führen Klarsichtdosen, in denen sonst Salmiakpastillen verpackt sind. Beim Einkauf von Flaschen lohnt es sich, auf die Formschönheit zu achten, besonders wenn Sie schon kundig geworden sind und eifrig sammeln und mischen.

Sie brauchen eines oder mehrere der folgenden Pflanzenöle:

● *Süßes Mandelöl* ● *Sojaöl* ● *Erdnußöl* ● *Sonnenblumenöl*
● *Avocadoöl* ● *Pfirsichkernöl* ● *Aprikosenkernöl*

● *Weizenkeimöl* ● *Jojobaöl,*

ein flüssiges Wachs mit besonders feiner Konsistenz

Diese Öle finden Sie in Apotheken und Reformhäusern, sonst im Feinkosthandel oder in Läden, die Naturkosmetik führen (siehe auch Seite 181).

Kaltgepreßt sollen sie sein, diese Öle, und von feinster Qualität. Das Beste ist gerade gut genug.

Außer den Pflanzenölen brauchen Sie alle ätherischen Öle und Kräuter, die Sie mögen. Die ätherischen Öle werden auch Essenzen genannt. Sie sind nicht fettig. Ein Lavendelöl ist das mit Öl verdünnte ätherische Öl. Ein Parfümöl ist ein kunstvoll gemischter Phantasieduft.

Die ersten ätherischen Öle, die Sie auf jeden Fall besitzen sollten, wenn Sie experimentieren oder einige Baderezepte ausprobieren wollen, sind:

● *Sandelholz* ● *Ylang-Ylang* ● *Jasmin oder Rose* ● *Bergamotte*

● *Muskatellersalbei*

Die Preise für die ätherischen Öle sind bei den verschiedenen Lieferanten sehr unterschiedlich. Auch die Qualität der Essenzen aus den verschiedenen Herkunftsländern ist unterschiedlich, und die jährlichen Ernten fallen verschieden aus. Teuer sind sie alle. Besonders teuer sind Jasmin und Rose, Melisse, Römische Kamille und Orangenblüte, bei denen jeweils 1 Milliliter etwa zwanzig Mark kostet. Von einigen dieser ätherischen Öle sollten Sie sich auch als Anfänger einen solchen kostbaren Tausendstelliter gönnen. Die Düfte sind sehr intensiv und deshalb die Essenzen sparsam im Verbrauch.

Verlangen Sie immer die *natürlichen* Essenzen, nehmen Sie nicht die «naturidentischen». Die duften sicher auch sehr schön, und billiger sind sie, aber ihnen fehlt die «bildende Kraft», wie es die Anthroposophen nennen, der Impuls, der nur im Lebendigen vorhanden ist. Diesen lebendigen Impuls wollen wir uns nicht vorenthalten, in der Liebeslust schon gar nicht.

Sie erhalten einige dieser Essenzen in Apotheken. Besser ist es, Sie wenden sich an die inzwischen zahlreichen Versandläden und Geschäfte, die mit Körperpflegemitteln, Kräutern, ätherischen Ölen und natürlichen Schönheitswässern handeln. Sehen Sie in Ihrem Branchen-Telefonbuch nach, oder wenden Sie sich an eine der Adressen, die bei den Bezugsquellen auf Seite 181 angegeben sind.

Manchmal sind die Essenzen verdünnt. Dann ist der Duft, den Sie nach den Rezepten dieses

Buches zusammengemischt haben, nicht stark genug. Erhöhen Sie einfach die Anzahl der Tropfen nach Geschmack. Schnüffeln Sie sich durch, vergleichen Sie, und trainieren Sie Ihre Nase. Verändern Sie auch ruhig einmal das angegebene Verhältnis der Zutaten zueinander: experimentieren Sie! Allerdings sollten Sie beim Probieren vorsichtig sein und immer mit geringen Mengen beginnen, da ätherische Öle bei manchen Menschen die empfindliche Haut unangenehm reizen. Besonders aggressiv sind schwarzer Pfeffer und Pfefferminz.

Zunächst mag Ihnen der Geruch einiger ätherischer Öle gar nicht «schön» vorkommen, aber Sie werden bald merken, wie leicht eine Duft-Harmonie herzustellen ist aus natürlichen Essenzen und wie sehr sie sich von synthetischen Düften unterscheiden.

Nach einiger Zeit werden Sie auch die unterschiedlichen Qualitäten teurer Parfüms erkennen.

Betrachten Sie den Umgang mit ätherischen Ölen als ästhetische Kunst: «aisthetés» hieß bei den alten Hellenen «der Wahrnehmende», der Ästhet.

Die ätherischen Öle halten sich mit Ausnahme der Zitrusöle jahrelang, wenn sie in kleinen dunklen Flaschen kühl aufbewahrt und immer gut verschlossen werden. Wenn sie allerdings mit Pflanzenöl vermischt sind, halten sie nur noch einige Wochen.

Die Grundausstattung für liebliche Kräuterbäder besteht aus

● *Lavendel* ● *Melisse* ● *Rosenblüten*

● *Geranie (nicht die Gartengeranie, sondern eine Duftgeranie)*

● *Pfefferminz* ● *Rosmarin*

Das sind die Zutaten für die ersten aufregenden Badefeste. Über die Wirkung der Kräuter, Blumen und Essenzen finden Sie Näheres auf Seite 170.

Grundregeln für aufregende Kräuterbäder

Kräuterbäder sind einfach zu bereiten. Sie sind nicht teuer, aber sehr kostbar und duften zart. Kräuter regen an und auch auf.

Das Luxusbad für Genießer

Kochen Sie mindestens 3 Tassen Kräuter in 1 Liter Wasser in einem Emailtopf auf, und lassen Sie diesen Auszug 20 Minuten ziehen. Zwischendurch ist Zeit für eine Dusche, die Ihren Körper von Schmutz und Ihren Kopf von trüben Gedanken reinigt. Dann lassen Sie heißes Wasser in die Badewanne laufen, gießen den Kräuterauszug durch ein Leinentuch oder -säckchen und knoten das Tuch mit den Kräuterrückständen zu. Mit diesem Säckchen können Sie sich während des Bades gegenseitig die Haut abschrubben. Das macht die Haut schön, weil es sie gut durchblutet, und es macht Spaß. Wenn Sie allein in der Wanne sitzen, träumen Sie ein wenig, aber, wenn das Wasser heiß ist, nicht länger als fünfzehn Minuten. Heiße Bäder ermüden den Körper zu stark. Sie belasten den Kreislauf und schwächen die Begierden. Kühle Bäder erfrischen und beleben.

Das Kräuterbad für Faulpelze

Sie knoten das Leinentuch mit den trockenen Kräutern in den heißen Wasserstrahl und drücken es ein paarmal aus, während die Wanne sich füllt.

Das Kräuterbad für Oberfaulpelze

Sie werfen die Kräuter einfach in die Badewanne und lassen das Wasser darüberlaufen. Sie sitzen dann aber etwas pieksig und sehen albern aus, wenn Sie dem Bad entsteigen. Außerdem müssen Sie aufpassen, daß der Abfluß nicht verstopft.

Die Quicky-Methode

Falls es ganz schnell gehen muß und nur noch Zeit für eine Dusche ist, bereiten Sie den Aufguß vor und filtern ihn durch einen Waschlappen. Dann duschen Sie wie gewohnt und rubbeln sich mit dem gefüllten Waschlappen ab. Anschließend gießen Sie sich den Aufguß einfach über den ganzen Körper.

Grundrezept für schwimmendes Badeöl

Wenn Ihnen das Sammeln und Aufbewahren von Kräutern zu umständlich ist, können Sie statt dessen auch die ätherischen Öle, die Essenzen der Pflanzen, nehmen. Für ein Bad rechnen Sie 1–2 Eßlöffel von einem sehr guten Pflanzenöl und 15–20 Tropfen eines ätherischen Öls oder einer Mischung mehrerer. Dieser Zusatz wird ins Badewasser gegossen. Er schwimmt obenauf und muß auf der Wasseroberfläche mit den Händen gut verteilt werden.

So ein Bad ist herrlich für die Haut, die sich danach wie Samt und Seide anfühlt, besonders, wenn Sie sich während des Bades mit einer Bürste die ganze alte müde und faule Schuppen-schicht abrubbeln. Das ergibt zwar einen Fettrand in der Wanne, aber die Wohltat ist den Putzaufwand wert. Liebe – und alles, was dazugehört – ist sowieso nichts für Faulpelze. Wer den Fettrand absolut nicht ausstehen kann, verteilt auf 100 ml fertiges Badeöl einen Eßlöffel Tween 80. Das ist ein milder Emulgator, den es in der Apotheke gibt und der dafür sorgt, daß sich das Öl mit dem Badewasser zu einer Emulsion milchig verbindet.

Ist schließlich im Badezimmer eine ganze Duftorgel in schönen Flaschen und Flakons, in Gläsern, Dosen und Tiegeln versammelt, wird das Bad zum Fest. Während das Badewasser einläuft, wird hier und dort entstöpselt, geschnuppert und probiert. Ein Hauch hiervon führt in einen harzigen Pinienwald am Meer, eine Nase voll davon weht das Aroma südfranzö-sischer Lavendel- und Rosmarinfelder herüber, das Schnuppern an diesem Fläschchen weckt romantische Gefühle, eine Prise von jenem Flakon taucht Sie in eine jasminschwere schwüle Sommernacht.

Romantische Bäder mit Kräutern und Blütenblättern

Ninons Schönheitsbad

Ninon de Lenclos, mit richtigem Namen Anne de Lenclos, wurde 1620 geboren und starb 85 Jahre später nach einem aufregenden Leben als Mätresse und Vertraute so bedeu-tender Männer wie Richelieu und La Rochefoucauld. Ninon war rundum kultiviert und auffallend schön. Noch im Alter soll sie Verhältnisse mit Liebhabern aus der Generation ihrer Enkel gehabt haben.

Je eine Handvoll

Lavendelblüten ● *Rosmarin* ● *Pfefferminzblätter*

● *Beinwell* ● *Thymian* ● *Rosenblütenblätter*

Diese Kräuter werden gemischt und eine Viertelstunde lang in kochendem Wasser ausgezogen. Der Lavendel ist eine Wohltat für des schlaffen Menschen Nase. Rosmarin bringt Energie zurück, vertreibt die Last von der Seele und strafft die Haut. Pfefferminz kühlt den Kopf und regt an. Beinwell heilt und tröstet die Haut. Thymian wirkt antiseptisch und leicht desodorierend. Rosen geben Feuchtigkeit und Spannung. Der badende Mensch wird wieder wie neu. Das wußte Ninon de Lenclos. Von ihr kursierten damals viele Schönheitsrezepte. Dieses war ihr bestes. Sie soll jeden Tag darin geplanscht haben. Ob der Aufwand sich heute noch lohnt, hängt wohl auch davon ab, ob ein hübscher «Enkelsohn» vorhanden ist.

Ein Bad, das müde Männer munter macht

● 2 Hände voll Rosmarin ● 1 Handvoll Pfefferminze ● 1 Handvoll Geranie ● zusätzlich 5 Tropfen Rosmarin

Diese Kräuter werden in einem Emailtopf mit Wasser gut bedeckt, einmal aufgekocht und 10 Minuten stehengelassen. Durch ein Sieb ins heiße Badewasser geben, und hinein mit ihm! Rosmarin hat einen besonders aromatischen Duft: Nach einer Viertelstunde wird seine Haut prickeln. Der Rosmarin war den alten Griechen heilig und wurde der schönen Aphrodite geweiht. Er belebt den Körper und erhellt den Geist. Dieses Kraut hat einen starken Ruf. Nicht nur in der Küche als kräftiges Gewürz südländischer Speisen, sondern auch im Kopfkissen. Rosmarin soll Kopfschmerzen vertreiben und das Erinnerungsvermögen stärken. Noch im vorigen Jahrhundert war es bei den Mädchen Brauch, ihrem Geliebten außer einer prächtigen Nelke auch noch ein Zweiglein Rosmarin mit auf den weiten Weg irgendwohin zu geben, damit der Spitzbube sie nicht vergaß.

Englisches Rezept für schöne Haut

● *2 Hände voll Rosmarin* ● *1 Handvoll Lavendelblüten*

● *1 Handvoll Rosenblätter* ● *1 Teelöffel Borax*

Die Kräuter können frisch oder getrocknet sein. Sie werden aufgekocht und müssen dann 10 Minuten ziehen. Borax kommt direkt ins Badewasser. Dieses Bad erfrischt die Haut. Das macht der Rosmarin. Lavendel beruhigt, und die Rosenblätter spendieren der Haut feuchten Tau. Borax macht das Wasser weich. Ob dieses Bad bei Engländerinnen besonders wirkt? Jedenfalls sind sie berühmt für ihre schöne Haut.

Ein Bad zur Hege und zur Pflege

Für drei Bäder:

● *250 g Hafermehl* ● *100 g Weizenmehl* ● *100 g Roggenmehl*

● *1 Eßlöffel Lavendelblüten* ● *1 Eßlöffel Rosenblätter*

● *3 Eßlöffel Kamilleblüten* ● *1 Eßlöffel Salbeiblüten*

Der frischen, süßlich duftenden Kamille wird nicht nur heilende Kraft, sondern auch feurige Energie nachgesagt, die sie bei Gelegenheit an bedürftige Menschen abgibt.

Diese Mischung reicht für drei Bäder. Ein Drittel der Menge wird in ein Badesäckchen gefüllt und in den Strahl des einlaufenden Wassers gehängt. Beim Baden wird das Säckchen immer wieder ausgedrückt, und die beiden Badenden können sich gegenseitig mit dem Säckchen abrubbeln. Die Haut wird sanft und seidig, und Rubbeln ist reizend.

Frühlingsbad für zwei

Eine der ersten Frühlingsblumen ist das Märzenveilchen, die Viola odorata. Blüten von duftenden Veilchen gehören in jedes besonders schöne Liebesbad. Die Essenz ist kaum aufzutreiben, dafür gibt es nach Veilchen duftende Parfümöle, also Nachmischungen aus verschiedenen Essenzen. Wegen seines im Wortsinne bezaubernden Duftes durfte das Veilchen in unzähligen Liebessträußchen die Nasen von angebeteten Mädchen streicheln.

● *1 Handvoll Duftveilchen* ● *1 Handvoll Rosenblütenblätter*
● *1 Handvoll Jasminblüten* ● *1 Handvoll Holunderblüten*
● *2 Tropfen Hyazinthe* ● *2 Tropfen Veilchen*

Die getrockneten Blüten werden aufgekocht und müssen etwa zehn Minuten ziehen. Die Mischung reicht für drei Bäder. Die Essenzen kommen ins Wasser, kurz bevor Sie sanft hineingleiten.

Verwöhn-Bad für kleine und große Mädchen

● *10 Tropfen Blütenöl; je nachdem, was die Süße gern mag* ● *1 Handvoll frische Rosenblätter oder Jasmin oder Gartennelken*

Das ätherische Öl wird einfach ins eingelaufene Wasser getropft und verteilt. Die Blütenblätter streuen Sie auf die Wasseroberfläche. Das sieht sehr verlockend aus, duftet und stimmt fröhlich.

Verwöhn-Bad für kleine und große Jungen

ganz genauso.

Ein sinnliches Bad

● *Ein Stück Zimtrinde* ● *1 Handvoll Melissenblätter* ●
● *1 Handvoll Rosmarin*

Zu einem starken Aufguß verkocht, ergeben diese Zutaten ein sehr wonniges Bad. Das Rezept kommt aus Indien, wo Zimt als stark aphrodisierendes Mittel geschätzt wird, weil es die sexuelle Phantasie anregt.

Engelsdusche

● *100 ccm Orangenblütenwasser* ● *100 ccm Rosenwasser* ● *100 ccm*
Myrtenwasser ● *10 g Ambraessenz* ● *10 g Moschusessenz*

Dieses Rezept ist schon seit Jahrhunderten bekannt. Die Mischung wird gut durchgeschüttelt. Nach einem Liebesbad ist diese Duft-Dusche einfach himmlisch und betörender als jedes Parfüm. Die Flüssigkeit wird großzügig über den Körper verteilt. Sie reicht für mehrere Male.

Graue Ambra ist eine fettige Absonderung des Pottwals, und zwar aus seinem Darm. Wenn sie auf dem Meer schwimmt, eine Portion bis zu 300 kg schwer, ist sie zunächst schwarz, weich und stinkig, aber Luft, Sonne und Salzwasser härten die Ambra bald. Sie wird grau und fängt an, gut zu duften.

Ambra oder Ambergris wird in der Parfümindustrie verwendet und, besonders in den arabischen Ländern, als Nervenmittel. Auf arabischen Märkten kann man *'anbar* in kleinen Bröckchen kaufen. Bei uns ist eher die Essenz bekannt.

Moschus, ein anderes tierisch gutes Produkt, entsteht in dem grauen bepelzten «Moschusbeutel» zwischen After und Geschlechtsteil des in Asien heimischen Moschushirsches. Dafür, daß dieses Tier an der Bauchseite dermaßen gut duftet, hat man es gnadenlos verfolgt und fast ausgerottet. Moschus wurde immer schon in Bädern gebraucht, um Frigidität zu überwinden. Besonders in Indien ist Moschus als aphrodisierendes und die Sinne stimulierendes Mittel beliebt.

Bemühen Sie sich nicht um echten Moschus: unerschwinglich und unökologisch. Der synthetische kommt dem echten sehr schön nahe, und er wird in der Parfümindustrie heute nur noch verwendet. Seine Wirkung ist sowieso immer umstritten gewesen wie bei den anderen tierischen Substanzen Ambra und Zibet auch. Sie haben sich weder in der Parfümierungskunst noch unter therapeutischen Gesichtspunkten einen festen Platz in der Reihe der Aromen gesichert. Immer wieder wurden sie im Laufe der Jahrhunderte von den verschiedenen Duftmoden geächtet, am häufigsten wegen der ihnen gemeinsamen «unflätigen» Herkunft oder wegen der «bad vibrations», die der Tod von Jägerhand im flüchtigen Duft hinterließ. Aber sie erlebten auch immer wieder eine neue Welle der Begierde, diente ihr Sexuallockstoff doch immer wieder einer diskreten Inszenierung menschlicher Lust.

Außer dem tierischen Duft gibt es eine pflanzliche Essenz, die Moschus heißt wegen ihres ähnlichen Geruchs: Hibiscus abelmoschus oder Hibiscus moschatus, auch Ambrette-Moschus genannt, eine indische Pflanze, deren Samen den begehrten Duft liefert.

Ein Bad, damit der Kerl endlich Ruhe gibt

Aus 50g Majoran wird ein starker Aufguß gekocht und ins Badewasser gegossen. Die Kräuterreste hängen zusätzlich im Badesäckchen im Wasser. Wer es nötig hat, bekommt noch einmal 10 Tropfen Majoranessenz dazu.

Das törnt total ab!

Majoran ist besonders an-aphrodisisch. Er wirkt krampflösend auf Körper und Geist, besonders wenn der immer nur auf das eine fixiert ist. Majoran dämpft die Aufnahmebereitschaft der Sinnesorgane und macht für bestimmte Reize, besonders sexuelle, unempfänglich. Viele alte Rezepte von weisen Frauen, denen der Liebste ab und zu lästig wurde, enthalten Majoran. Vielleicht wirkt es auch bei Weibern, die nicht genug kriegen können.

Ein erhebendes Bad

Dieses Bad ist deshalb so schön, weil man das ganze Jahre an Liebe denken muß, um ja die Erntezeit der jeweiligen Blüten nicht zu verpassen. Das Bad duftet ganz wunderbar, und wer drin liegt und die Augen schließt, findet sich selbst auch ganz wunderbar. Das Bad erhebt einen, vielmehr zwei. Zu gleichen Teilen werden Blüten von

● duftendem Geißblatt (Jelängerjelieber) ● Jasmin ● Akazie
● Gartennelken ● Rosen ● Levkojen

vorsichtig getrocknet und in einem dunklen Gefäß aufbewahrt.

Bei Bedarf müssen die Blüten (insgesamt 2 Hände voll) mehrere Stunden lang in kaltem Wasser eingeweicht werden. Währenddessen kochen Sie die ungespritzten Schalen von Orangen und eine Vanillestange 20 Minuten lang. Der kalte und der heiße Auszug kommen ins Badewasser. Die Blütenreste werden zusätzlich ins Bad gehängt, vielleicht fügen Sie noch ein, zwei Tropfen Rose oder Jasmin hinzu. Alle diese Blüten duften sehr stark und schwer. Sie wecken unweigerlich die Sehnsucht nach schwülen erotischen Sommernächten.

Ein süß duftendes Bad für edle Frauen

Dies ist ein Rezept von Nicholas Culpeper, einem der bekanntesten Duftmischer und Kräuterteufel des 17. Jahrhunderts.

«Nimm Rosen ● Zitronenschale ● Zitronenblüten
● Orangenblüten ● Jasmin ● Lorbeerblätter ● Rosmarin
● Lavendel ● Minze und Quellwasser

von jedem genügend und siede alles zusammen. Daraus bereite ein Bad, dem man

● fünf Tropfen Nardenöl ● drei Gran Ambra ● fünf Gran Moschus
● außerdem eine Unze Benzoë

zusetzt. Dann laß sie ins Bad gehen zwei Stunden vor dem Essen.»

Was aber macht der edle Mann in der Zeit? Badet er mit ihr? Zwei Stunden für die Nachwirkungen des Bades! Was da alles geschehen konnte, darüber läßt uns Culpeper im unklaren.

Auf jeden Fall wird der Duft der Narde die Edelfrau beeindrucken. Die Narde wird schon in der Bibel genannt, auch Jesu Füße wurden damit gesalbt. Immerhin war der Preis der Spica-Narde oder Indischen Narde sündhaft hoch. Ihr Geruch ist stark und angenehm. Baldrianartig mit etwas Moschus. Ein Büschel Narde wurde im Orient früher ständig auf der Brust getragen. Eine andere Grasart ist die Falsche Narde, die ebenfalls sehr gut riecht. Sie liefert das Lemongrass-Öl.

Ölige Bäder, die der Haut schmeicheln

Ein Bad für zwei, die noch was miteinander vorhaben

- 10 Tropfen Sandelholz
- 4 Tropfen Ylang-Ylang • 3 Tropfen Jasmin
- 1-2 Eßlöffel Pflanzenöl

gut durchschütteln und im Badewasser verteilen.

Sandelholz hat einen euphorisierenden Duft und wird in Indien sehr geschätzt. Im tantrischen Liebesreigen wird Sandelholz verbrannt, damit sein Duft das Glücksgefühl verstärkt und die sexuellen Energien in Schwingung versetzt.

Das Bad macht wohlig und weich, besonders wenn dabei Musik über den Rücken rieselt.

Ein Bad gegen
den Trennungsschmerz

Wenn zwei Liebende sich trennen müssen, weil widrige Umstände zwischen ihnen stehen, sollten sie zum Abschied ein gemeinsames Bad nehmen, denn das Badewasser ist nicht zu tief.

● *8 Tropfen Muskatellersalbei*

● *5 Tropfen Bergamotte* ● *5 Tropfen Ylang-Ylang*

● *1-2 Eßlöffel Pflanzenöl*

Dieses Bad vertreibt Traurigkeit und Tränen. Muskatellersalbei besänftigt und entspannt, und Ylang-Ylang gilt wegen seiner aphrodisierenden Wirkung als besonders angenehm und erbaulich. Bergamotte stimuliert die solaren Energien, das ist die Sonnenpower, die jeder von uns im Körper haben sollte. Es wirkt aktivierend und aufheiternd.

Ein Bad, das auch
ältere Herrschaften wieder
auf Trab bringt

● *3 Tropfen Patschuli* ● *5 Tropfen Vetivert* ● *5 Tropfen Sandelholz*

und ● *1-2 Eßlöffel Pflanzenöl*

miteinander vermischen und eine starke, heiße Abkochung von 50 g Bohnenkraut für die Wanne.

Das sollte reichen. Vom Bohnenkraut wußten schon die alten Griechen, daß es die Liebesbegierde reizt. Der französische Kräutergelehrte Maurice Mességué schwört auch heute noch auf das Bohnenkraut als eines der wirksamsten Liebesmittel. Er muß es wissen, denn er ist auch nicht mehr der Jüngste.

Ein Bad, mit dem man Widerspenstige rumkriegt

● 1-2 Eßlöffel Pflanzenöl ● 3 Tropfen schwarzer Pfeffer
● 10 Tropfen Muskatellersalbei ● 4 Tropfen Jasmin

Pfeffer wird in den arabischen Ländern sehr häufig im Liebeszauber verwendet. Eine Frau, die ihren abwesenden Mann zu sich zurückrufen will, verbrennt zum Beispiel Pfeffer- und Koriandersamen. Ein Mann benutzt Pfeffer und Safran als Räuchermittel, um auf magischem Wege Liebe und Eheversprechen zu erzwingen. In den asiatischen Ländern wird Pfefferöl eher wegen seines aufreizenden Charakters geschätzt.

Muskatellersalbei hat ein süßes und frisches Aroma, sein Duft ist nicht zu vergleichen mit dem des Gartensalbeis. Muskatellersalbei aktiviert die hingebungsvolle Leichtigkeit und Weichheit, die man auch Venusenergie nennt. Muskatellersalbei entspannt, inspiriert die Gedanken und regt erotische Phantasien an.

Im Prinzip müßte die Verführung mit diesen Zutaten gelingen. Alles hängt davon ab, ob der oder die Widerspenstige sich überhaupt baden läßt.

Tirami su!

● 10 Tropfen Sandelholz ● 5 Tropfen Veilchen ● 5 Tropfen Myrrhe

Die Mischung von Essenzen wird dem Badewasser zugesetzt. Der Badende wird auf jeden, dem er begegnet, eine beruhigende und besänftigende Wirkung ausüben, die den anderen so sehr fasziniert, daß er sich nicht mehr zurückhalten kann. So steht es jedenfalls in einem alten Kräuterbuch.

Der Myrrhenbaum wächst in Arabien, Äthiopien und Somalia, wo einst das Land Punt lag, und liefert ein öliges, bitteres, scharf schmeckendes, aber gut riechendes Harz, das an der Luft erstarrt und immer schon als Heilmittel für Wunden und zur Bereitung von köstlichsten Salben verwendet wurde.

Ein Bad für den Macho

- *4 Tropfen Salbei* • *4 Tropfen Vetivert* • *4 Tropfen Nelke*
- *4 Tropfen Sandelholz* • *1-2 Eßlöffel Pflanzenöl*

Diese Mischung wird auf der Wasseroberfläche verteilt. Das ist die richtige Einstimmung für den potenten, wilden Mann. Der Duft des Bades ist männlich, orientalisch, und die liebefördernde Wirkung von Sandelholz wird vom Roten Meer über Indien bis Japan gepriesen.

Ein Bad für die Frau, die immer will

- *8 Tropfen Ylang-Ylang* • *5 Tropfen Rose*
- *3 Tropfen Muskatellersalbei* • *1-2 Eßlöffel Pflanzenöl*

Diese Zutaten werden gut vermischt und im Badewasser verteilt. Das ist die richtige Einstimmung und Vorbereitung für die gierige Frau. Ylang-Ylang, die Pflanze mit den stark duftenden Blüten, kommt aus Malaysia und wird in vielen wertvollen Parfüms verarbeitet, die besonders erogen und weiblich wirken.

Meerwasserbad für Sehnsüchtige

- *150 g Natriumcarbonat* • *150 g Meersalz*
- *150 g feingemahlenes (Kaffeemühle) Irländisches Moos*
- *Lavendelöl, soviel man mag*

Für ein stimmungsvolles Bad reichen 200 g der Mischung. Das Bad ist sehr schön, wenn man sich erfrischen will und beim Gitarrespielen Sehnsucht nach dem Meer bekommen hat.

Sprudelbad
für Leidenschaftliche

Badesalze sind wirklich einfach zu bereiten, und man sollte sie jedem gekauften Badesalz vorziehen, weil Sie viel kostbarere und schönere Zutaten auswählen können. Badesalze werden benutzt, um das Wasser weich zu machen, die Haut zu stimulieren oder einen leichten Sprudeleffekt zu erzeugen. Nehmen Sie Meersalz dazu oder einfaches Haushaltssalz. Sie können auch Borax (auch Tinkal genannt) und doppelkohlensaures Natron (Natriumhydrogen- oder Bicarbonat) zu gleichen Teilen mischen. Diese Salze reinigen und entfetten die Haut und wirken auch entschlackend und mild entwässernd. Der Körper muß nach dem Bade aber dringend wieder eingecremt oder eingeölt werden, damit die Haut nicht spannt. Salzbäder sollte man nicht zu oft anwenden, denn sie sind bei allzu häufigem Gebrauch doch etwas strapaziös.

200 g Salz und 60 Tropfen ätherisches Öl reichen für etwa drei Bäder. Für ein Bad nehmen Sie 3 Eßlöffel Salz und 20 Tropfen ätherisches Öl.

Einfacher ist es, wenn Sie gleich mindestens 200 g zubereiten. Das ist so viel, wie gerade in eine Salmiakpastillendose oder in ein Gewürzglas hineinpassen. Mischen Sie alles sehr sorgfältig mit den Händen oder mit einem Holzlöffel durch.

Wenn Sie das Salz einfärben wollen, nehmen Sie Lebensmittelfarbe dazu. Mischen Sie die starkfärbende Flüssigkeit mit wenig Salz, und vermengen Sie dieses dann mit dem weißen Salz, damit Ihr Zauberbad gleichmäßig einfärbt. Sehr hübsch sieht es aus, wenn Sie das Salz weiß lassen, es in ein Glasgefäß füllen und dabei ab und zu eine kleine Menge gefärbtes Salz hinzufügen, immer dicht an der Glaswand entlang. Obendrauf verteilen Sie ein paar Trockenblüten, die beim Baden mitschwimmen dürfen.

● 20 g Soda ● 10 g Natron ● 5 g Natriumperborat ● 4 Tropfen Orangenblütenöl ● 2 Tropfen Rose ● 5 Tropfen Kardamom

Diese Menge reicht für ein Bad. Wer Lust auf mehr hat, kann die Mengen einfach vervielfachen und in einem Glasgefäß aufbewahren. Das Natriumperborat entwickelt mit dem Wasser Sauerstoff und sprudelt und prickelt ein wenig auf der Haut. Kardamom gehört zu den indischen Gewürzen, die am häufigsten als Aphrodisiaka verwendet werden. Er löst ein Hochgefühl aus und, wie es heißt, heftige sexuelle Wünsche.

Es tut bestimmt gut, wenn Sie während des Bades ein Täßchen von einem Mokka trinken, der zusammen mit 1 Teelöffel Kardamom aufgebrüht wurde. Falls ein Kaffee Sie nachts umtreibt, geben Sie eine Prise Kardamom in heiße Milch mit Honig. Das versüßt die Nacht.

Salz für ein Lustbad

● *Meersalz* ● *5 Tropfen Zimt*
● *3 Tropfen Pfefferminz* ● *6 Tropfen Patschuli*
● *3 Tropfen Vanille*

Dieses Mischungsverhältnis duftet wonnig, kann aber ruhig verändert werden. Auf jeden Fall soll diese glückverheißende Duftmischung alles in Ihnen wecken, was sinnlich und weich, heiter, gelassen und triebhaft macht.

Powerbad,
wenn man sich saft- und
kraftlos fühlt

● *10 Tropfen Rosmarin*
● *5 Tropfen Lavendel* ● *5 Tropfen Basilikum*
● *2 Tropfen Nelke*

Wenn Sie müde sind und niedergeschlagen, wird dieses Bad Sie wiederaufbauen. Die Wirkung ist besonders gut, wenn Sie das Badewasser nur lauwarm einlassen. Das gibt Energie. Mit Meersalz oder Pflanzenöl mischen.

Ein Bad, das den ganzen Körper strafft

● *10 Tropfen Wacholder* ● *5 Tropfen Lavendel* ● *5 Tropfen Rosmarin*

Die Essenzen werden mit einem Eßlöffel Pflanzenöl vermischt und in das Badewasser gegeben. Das Bad wirkt wärmend und wird auch gegen Verspannungen und leichte Schmerzen in den Knochen und Muskeln gut helfen.

Ein Bad gegen körperliches und seelisches Frösteln

● *3 Tropfen Wacholder* ● *3 Tropfen Pfeffer* ● *3 Tropfen Lavendel*

Die Essenzen kommen direkt in das Badewasser, oder sie werden mit Pflanzenöl vermischt. Dann braucht man sich nach dem Bad nicht mehr einzufetten. Dieses Bad erwärmt. Wer es verträgt, kann die Menge erhöhen. Danach mag der Winterabend wohlig und wonnig ausklingen, mit heißen Drinks und heißen Küssen. Wer innerlich bibbert vor Kälte und sich äußerlich schon klamm und kalt anfühlt, der braucht vielleicht etwas ganz anderes: nämlich das Senfpulverbad, mit dem uns unsere Großmütter im Winter einheizten.

Wärmendes Winterbad

● *10 Tropfen Rosmarin* ● *5 Tropfen Pinie* ● *5 Tropfen Kampfer*

Diese Mischung duftet streng und gar nicht lieblich, aber sie ist so warm und ungemein besänftigend. Man atmet unwillkürlich tief durch und schließt die Augen. Wenn dann die Haut anfängt leicht zu kribbeln, sollten Sie nicht mehr lange in der Wanne bleiben. Sie werden sich wohlig und warm und geborgen fühlen, auch außerhalb des köstlichen Wassers.

Die farbige Versuchung

Besonders geheimnisvoll sieht ein Badezusatz aus, der in zwei oder drei verschiedenfarbigen Schichten in einer schmalen, hohen Flasche aufbewahrt wird.

Das Geheimnis:

- *1 Teil Wasser wird mit 1 Tropfen Lebensmittelfarbe gefärbt*
- *1 Teil Pflanzenöl (grünliches Olivenöl, rotes Johanniskrautöl, gelbes Weizenkeimöl, weißes Jojobaöl oder eine Mischung)*
- *1 Teil 96prozentiger Weingeist, in dem eine Duftmischung aus ätherischen Ölen gelöst ist*

Das farbige Wasser wird zuerst in die Flasche gegossen. Danach kommt das gelbliche Pflanzenöl, das leichter ist und oben schwimmt. Die leichteste Flüssigkeit ist Alkohol, der durch das ätherische Öl pastellig gefärbt ist. Er schwimmt als Abschluß obenauf. Von diesem dreifarbigen Badeöl sollte man nur kleine Flaschen vorbereiten, die den Zusatz für ein Bad fassen, denn nachdem die Flasche einmal geschüttelt wurde, teilt sich der Inhalt nicht mehr in drei Lagen, sondern nur noch in zwei. Die duftende Alkoholschicht verbindet sich nämlich mit dem Wasser zu einer milchigen Flüssigkeit, auf der das transparente Pflanzenöl schwimmt.

Wenn das ätherische Öl gleich mit dem Pflanzenöl gemischt wird, ergeben sich mit dem Wasser nur zwei farbige Schichten. Diese zwei Schichten werden sich nach jedem Schütteln wieder sauber teilen. Solche mehrfarbigen Badezusätze sehen aus wie Hexengebräu und sind entsprechend zauberhaft.

Picknick
in der Badewanne

Wer ein schönes großes Badezimmer hat mit einer geräumigen Badewanne darin, kann ein Schäferstündchen veranstalten, das sich gewaschen hat. Außer der Blumendekoration und Musik gehören Kerzenleuchter dazu und ein Hocker mit einem Tablett. Auf diesem Tablett steht ein aphrodisischer Imbiß bereit, der zufrieden macht und sättigt, aber nicht vollstopft. Wir empfehlen ein Menü, das man schlürfen und mit den Händen essen kann.

1 Tasse Selleriecremesuppe, verschiedene gebutterte Toasts mit Avocadomus und Lachsstreifen, Schlemmertoasts mit Beefsteakhack und Kaviar, Datteln, Weintrauben oder Feigen.

Sie dürfen auch einen Hummer knacken oder Austern schlürfen.

Alle diese Lebensmittel haben als Potenzmittel einen untadeligen Ruf.

Als Getränk eignet sich – wie fast immer – Champagner.

Für das supersüße Schlaraffenbad brauchen Sie:

● *2 Liter Buttermilch* ● *½ Tasse Bienenhonig*

● *10 Tropfen Ylang-Ylang* ● *2 Eßlöffel Pflanzenöl*

● *5 frische rote Rosenblätter,*

die auf der milchigen Oberfläche schwimmen.

Der Honig löst sich im Wasser auf und verliert ganz und gar seine Klebrigkeit.

Dieses Bad ist so himmlisch, daß Sie vielleicht länger als 20 Minuten darin liegen werden.

Doch bevor Sie schrumpelig wie Waldschrate aussehen, sollten Sie vielleicht lieber zur Spätvorstellung ins Bett gehen und dort weitermachen mit einer schauerlich wollüstigen Ganzkörpermassage.

Ein Bad für lüsterne Lover

● 1 Kilogramm Erdbeeren ● 2 Liter Buttermilch

Die Buttermilch kommt gleich ins Wasser, die Erdbeeren erst nach und nach, wenn die Liebenden schon in der Wanne liegen und aufeinander Hunger haben. Erdbeeren schmecken einfach köstlich, und sie sind eine Labsal, wenn man sie auf der Haut zerquetscht und sich damit einreibt. Das kann jede Kosmetikerin bestätigen. Erdbeeren sind an sich nicht erotisierend in ihrer Wirkung, aber die Prozedur ist einfach schweinisch und aufregend für zwei hemmungslose Leute im Sommer.

Ebenso kosmetisch wertvoll und erotisch geht es mit Zitronen- und Apfelsinenspalten. Dann gehören noch ein paar Tropfen Zimtöl ins Wasser. Aber das ist vielleicht eher etwas für Weihnachten.

Ouverture

Tanzt, ihr schlanken Gespielinnen,

      Rüttelt den leeren Bauch,

Denn es winken euch:

      Austernschneckenlachsmuränen-

Essighonigrahmgekröse-

      Butterdrosselnhasenbraten-

Hahnenkammfasanenkälber-

      Hirnfeldtaubensiruphering-

Lerchentrüffelngefüllte Pasteten!

Aristophanes

Aphrodisische

Gaumenfreuden

Aphrodisische

Gaumenfreuden

Essen und Trinken können so sinnlich erlebt werden, daß sich für manche darin die Sinnlichkeit schon erschöpft. Von solchen Genüssen soll hier nicht die Rede sein. Wohl aber von
all den Schleck- und Schmeckfreuden, die ein weiterer Klang auf der Tonleiter zum
Höhepunkt sind. Aphrodisische Speisen bringen nicht nur die Geschmacksner-
ven zum Jubilieren, sondern auch das Auge, das dann wiederum mit dem Gehirn gemeinsame Sache macht und fleischliche Phantasien anvisiert. Über
die Wirkung aphrodisischer Speisen ist man sich nur selten einig. Die
einen meinen, Verbene (Eisenkraut) mache ebenso scharf wie Pfefferminze, andere schwören, daß damit ein lästiger Liebhaber für Tage
impotent gehalten werden könne. Stimulierende Kraft wird Kaviar
zugeschrieben. Auch Zwiebeln, Sellerie, Weintrauben, Knoblauch und einer Menge anderer Gemüse. Ebenso Fisch und
Fleisch. Als besonders anregend galt es immer schon, etwas zu
essen, was den Geschlechtsteilen von Mann oder Frau ähnlich
sieht. Zum Beispiel Spargel, der nicht mal ein besonderes
Dope enthält. Ißt man zum Spargel oder hinterher noch
Austern, hat man die Vereinigung von Lingam und Joni
kulinarisch schon vorweggenommen. Anderswo gelten auch
Schweinescheiden, Stierhoden und Schafspenis als wahnsinnig aufregend. Ob nun Stierhoden schärfer macht als Kaviar,
und was es mit dem berühmten Sellerie auf sich hat, muß jeder
selber ausprobieren. Viele der als besonders aphrodisisch gelten-
den Lebensmittel sind jedenfalls so gesund und nahrhaft für den Körper, daß sie bestimmt dem ganzen Menschen guttun und so auch die Lust
an der Liebe fördern. Natürlich stärkt das hochwertige Eiweiß der Auster
die Kondition, wie überhaupt alles Meeresgetier leicht ist und gut für die Lust.
Das Eiweiß ist es aber nicht allein. Wahrscheinlich wirkt jedes Nahrungsmittel,
wenn es den Körper nur nicht beschwert und belastet, faul, fett und müde macht. Es
kommt also auch hier immer auf die Dosierung an. Zu viele Austern mit zuviel Champagner
machen eher betrunken und übel als geil. Eine karibische Theorie erklärt die aphrodisierende

Wirkung von Lebensmitteln mit dem Sieg von heiß über kalt. Kalt sein bedeutet demnach Krankheit, Krampf, schlechte Laune und sexuelles Desinteresse. Was hilft da weiter? Heiße Speisen mit Ingwer, Pfeffer und Chili. Die sind scharf und machen scharf. Täglich 30 bis 125 mg Chili sollen von jeder Unlust kurieren. Aber auch eine Orgie aus rohem Gemüse mit einer sehr starken Knoblauchmayonnaise, dazu ein leichter Rotwein, kann absolut high machen. Wer auf den heißen Knoblauchgeschmack gekommen ist, weiß, daß in Olivenöl aufgebratenes Weißbrot mit zerquetschten Knoblauchzehen und etwas Wein das sicherste Mittel sind, zwei Menschen innerlich so anzuheizen, daß sie bald nicht mehr stehen können vor Verlangen. Auch in den europäischen Gärten gibt es heiße Kräuter. In jedem Garten und auch auf dem Balkon wächst etwas mit dem vielversprechenden Namen «Luststecken». Es ist das gute alte Maggikraut, das vielerorts auch Liebstöckel genannt wird. Zwei Teelöffel der getrockneten Wurzel müssen 10 Minuten lang ziehen. Dann wird es getrunken. Dieser Tee erhöht die Blutzufuhr im Unterleib bis zur Unzüchtigkeit. Der Umgang mit Liebstöckel ist etwas aus der Mode gekommen. Es fehlen moderne Rezepte. Wenn früher die Frauen das Abendessen stark mit Liebstöckel würzten, konnten die Männer sich schon mal die Lippen lecken im Hinblick auf die kommende Nacht. Auch Petersilie, Bestandteil vieler hexischer Flugsalbenrezepte, hat diese Wirkung, weshalb sie auch lange als Abtreibungsmittel benutzt wurde. Aber essen Sie Petersilie nicht zu Kopfsalat. Salat ist Teufelszeug, denn er enthält Morphine, und die vertreiben die Lust und machen schläfrig. Essen Sie lieber, wie Madame Pompadour, Selleriesuppe zum sündigen Mahl. Casanova schwor auf Gulaschsuppe mit sehr viel Paprika. Die Griechen empfehlen Tintenfisch mit Knoblauch, die Araber Lammfleisch mit Kümmel, Anis und Fenchel. Es gibt aber auch weniger schmackhafte Tips aus dem Handbuch des Lustmolchs: Hahnentritt, der weißliche Glibsch auf dem Eidotter, oder Heringsseele, die wabbelige Luftblase vom

Fisch – wirkt allerdings nur am Karfreitag. Aus China stammt die frohe Kunde, daß Schlangenfleisch den Jadestab vergrößern soll. Frauen seien allerdings dringend gewarnt, denn sie wechseln nach dem Schlangenfraß vielleicht ihr Geschlecht, und zwar nicht nur für eine Nacht, was ja vielleicht mal eine ganz reizvolle Abwechslung wäre. Anregend zur Nacht ist ein Schlaftrunk oder besser ein Liebestrank. Kaiser Caligula und Kaiserin Messalina, die beide berühmt waren für ihre Lüsternheit (obwohl sie es nie miteinander getrieben haben), tranken jeden Tag Unmengen davon, nach diversen Geheimrezepten gemischt. Aber ob Sie nun Milch mit gestoßenen Nelken schlürfen, Kaffee mit viel Kardamom oder Wein mit Anis-Samen, Tomatensaft mit Ginseng – ein Betthupferl gehört auch noch dazu. Ein runder praller Lebkuchen eignet sich bestens für die gegenseitige Fütterung in den Federn. Liebeskuchen hieß er früher, weil er alle Ingredienzen enthält, die zärtlich stimmen: Zimt, Nelken, Muskat, Kardamom, Ingwer, Honig, Nüsse und Mandeln. Wieso wird der Lebkuchen eigentlich nur Weihnachten gegessen und hauptsächlich von Kindern? Bis zur Jahrhundertwende jedenfalls war er ein Liebespfand an den Bräutigam. Niemand soll sich einbilden, daß aphrodisische Mittel Lust und Liebe herbeizaubern können, wenn die nicht wenigstens im Grunde zwischen zwei Menschen lebendig sind. Solche Mittel können aber sehr die Lust steigern, Liebe pflegen, erotische Phantasien beflügeln, sie können alle sinnlichen Empfindungen verstärken. Wenn im Kopf die Sehnsucht zieht und die Liebe lockt, hat der Sellerie im Magen schon gewonnenes Spiel.

Buffet für eine Party, die als Orgie enden soll

Aus San Francisco stammen einige dieser freundlichen Snacks, die Haschisch in sich haben und in den siebziger Jahren auf jeder Party gern gesehen waren. Die Snacks schmecken auch ohne Marihuana. Marihuana ist als Stimulans und Halluzinogen bekannt, obwohl es auch als Beruhigungsmittel und Aphrodisiakum gilt. Chinesen setzten die Pflanze schon vor fünftausend Jahren medizinisch ein, Galenos, der griechische Leibarzt des römischen Kaisers Marc Aurel, schrieb, die in Kuchen gebackene Cannabis führe Wohlempfinden herbei: Die nomadischen Skythen aus Persien bauten vor drei Jahrtausenden diesen Indischen Hanf an und verkokelten seine Blätter und Samen auf den heißen Steinen ihrer Dampfbäder, um den euphorisierenden Rauch zu genießen.

Heute ist der Besitz von Marihuana und Haschisch verboten. Sie zählen zu den «weichen» Drogen – wie Tabak und Alkohol. Über ihre unmittelbaren schädlichen Nebenwirkungen wird seit Jahrzehnten debattiert. Ihre Rolle als «Einstiegsdroge» steht indes fest – viele Nutzer geraten über «Hasch» in Kontakt mit Drogendealern größeren Kalibers. In den USA wird das sonst verbotene Marihuana gelegentlich in der Naturheilkunde eingesetzt.

Farouk's Dick

Der kleine, dicke König Faruk I. von Ägypten (1936–1952) soll die größte Pornographiesammlung der Welt und ein klitzekleines Manneszepter gehabt haben. «Farouk's Dick» war also alles andere als dick, sondern ein besonders schmächtiges Schwänzchen. Kleine, reife Koch-Bananen werden mit Frühstücksspeck umwickelt und in heißem Fett fritiert. Anschließend überstreut man sie mit braunem Zucker, der mit feingemahlenem Haschisch vermischt ist.

Aspik von Paradiesäpfeln

Eine Dose passierte italienische Tomaten mit Salz, Pfeffer, Zitrone, Knoblauch und Oregano würzen. Mit 1 Tasse Hühnerbrühe, 1 Tasse feingeschnittenem Staudensellerie, 1 Teelöffel Balsamessig, 150g Tiefseekrabben und 1 Eßlöffel Haschisch vermischen. Nun das Ganze mit weißer Gelatine gemäß der Packungsaufschrift weiterverarbeiten. Über Nacht auskühlen lassen, dann in Scheiben schneiden und auf Grün anrichten.

Scharfer Kraftdrink

● *500 g pürierte oder ganze gehäutete Tomaten* ● *1 geschälte Salatgurke*
● *1 Knoblauchzehe oder mehr* ● *1 grüne Paprikaschote* ● *1 Zwiebel*
● *Salz, Pfeffer* ● *2-3 Spritzer Tabasco* ● *1 Eßlöffel Weinessig oder*
Balsamessig ● *2 Eßlöffel Olivenöl*

Alles zusammen wird im Mixer gut zerkleinert und dann im Eisschrank mehrere Stunden lang gekühlt. Diese kalte Suppe kann aus einem Suppenteller gegessen werden mit ein paar knoblauchig gerösteten Weißbrotwürfeln. Sie ist aber auch als Getränk geeignet, wenn man in ein hohes Glas etwas Eis gibt, ein Schlückchen Wodka und einen Stengel Staudensellerie hineinstellt.

Prachtfeigen

Frische Feigen (getrocknete gehen auch, sind aber schwerer zu bearbeiten) werden auf einer Seite aufgeschnitten und mit Sahne-Gorgonzola gefüllt.
Diese mild salzig-süße Vereinigung schmeckt köstlich: Che figone!
Auch hier wäre eine Prise Haschisch obendrüber nur von Vorteil für die Sinne. Aber das Gesetz...

Wonniger Fisch auf japanisch

● *Edelfischfilet, am besten vom Zander und vom Lachs* ● *Rettich*
● *Sojasauce* ● *Frischer Ingwer* ● *Frischer Meerrettich*
● *ungespritzte Limetten oder Zitronen*

Der Fisch wird eine knappe Stunde in der Tiefkühltruhe angefroren. In der Zwischenzeit wird der Ingwer geschält und fein gerieben. Den Rettich schälen und in sehr feine Scheiben hobeln. Der Meerrettich wird geschält und grob geraffelt und mit Limettensaft beträufelt. Etwas Limettenschale abraspeln. Den harten Fisch schräg in hauchdünne Scheiben schneiden. Auf einer vorgekühlten Platte anrichten mit Rettich- und Limettenscheiben. Den Fisch mit Limettensaft beträufeln und in der Farbe abwechselnd anrichten. Die Sojasauce, die mit Meerrettich, Limettenschale und Ingwer gewürzt wird, dazu reichen.

Fischrogenpaste

● *8 Scheiben Toastbrot* ● *1 Zwiebel* ● *100 g Ketakaviar (vom Lachs)*
● *2 Eßlöffel Zitronensaft* ● *¼ l Sonnenblumenöl* ● *weißer Pfeffer*

Toastbrot entrinden und in kaltem Wasser einweichen. Zwiebel pellen und grob hacken. Das Toastbrot gut ausdrücken und den Kaviar bis auf einen Rest zum Dekorieren, die Zwiebel und den Zitronensaft dazugeben. Alles mit dem Schneidstab des Handrührers pürieren und dabei nach und nach das Öl hineinträufeln. Das ergibt eine Mayonnaise. Mit Salz, Pfeffer und Zitrone abschmecken und mit dem restlichen Kaviar dekorieren. Dazu gibt es Baguette.

Fette Wachteln

● *Pro Nase eine Wachtel* ● *durchwachsener Speck* ● *Weintrauben*
● *Salbeiblätter* ● *Schlagsahne*

Die Wachteln über Nacht in Rotwein marinieren, dann innen und außen salzen und pfeffern und mit einer Weintraube, einem Stückchen Speck und einem Salbeiblatt füllen. Dann die Beine zusammenbinden. In der Pfanne mit kleingewürfeltem Speck die Vögel von allen Seiten anbraten, dann in einen flachen Bräter geben und mit dem Bratfett übergießen. Den Bräter mit Alufolie abdecken und ca. 30 Minuten im 200 Grad heißen Ofen backen. Die Wachteln sind gar, wenn sich ein Flügel leicht lösen läßt. Die Wachteln herausnehmen und warm stellen. Den Bratfond mit der Rotweinmarinade lösen und kräftig mit zerriebenem getrocknetem Salbei und Pfeffer abschmecken. Mit Schlagsahne abrunden. Sauce und Baguette getrennt zu den Vögeln reichen.

Tintenfisch für Mannstolle

In China gilt der Tintenfisch als tierisches Aphrodisiakum. Aber auch anderswo hatte er immer schon einen guten Ruf. Lucius Apuleius, der im zweiten Jahrhundert nach Christus die Geschichte vom Goldenen Esel schrieb, wurde von seinem Schwiegervater vorgeworfen, seine zuvor sittsame Tochter durch Zauberei und mit Hilfe von Liebeselixieren gefügig gemacht zu haben. Doch dann stellte der Richter fest, daß die mannstoll machende Suppe, die Apuleius zu bereiten wußte, aus Tintenfischen, Krebsen, Hummer und Igel bestand. Alle waren zufrieden. Keine Zauberei, kein Verbrechen. Apuleius wurde freigesprochen und mußte das verführte Mädchen heiraten.

● Frische Tintenfische oder tiefgefrorene fertige Ringe

● Weißwein ● Zitrone

● Petersilie ● Knoblauch ● Pfeffer, Salz

Tintenfische säubern, in Ringe schneiden. In Weißwein kochen, bis sie weich sind, abtropfen lassen. Aus Olivenöl, Zitronensaft, Petersilie, feingehacktem Knoblauch, Pfeffer und Salz eine Marinade zubereiten und über die Ringe gießen.

Baguette, ofenwarm, paßt zu all diesen schwachmachenden Starkmachern, die für ihre liebreizenden Nachwirkungen berühmt sind.

Dinner for two

Für dieses Menü sind nur Zutaten gewählt, die im Ruf stehen, eine aphrodisierende Wirkung auf die Schlemmer auszuüben. Sie können Teile dieses Menüs auswählen oder auch ganz andere Gerichte zusammenstellen, die Sie in jedem guten Kochbuch finden, wenn Sie sich nur an die Hauptingredienzen der Liebeskochkunst halten. Das Wonne-Menü wird am besten von beiden gemeinsam gekocht. Der Aperitif kann durchaus schon beim Koch-Akt geschlürft werden.

Wonne-Menü

★

Selleriecreme

★

Austernpilze, gebraten

★

Garnelen-Gratin

★

Feigen-Crêpes

Selleriecreme

Eine kleine Sellerieknolle und eine Kartoffel werden geschält und kleingeschnitten und zusammen in wenig Wasser gegart. Mit einem Pürierstab im Kochwasser zerkleinern oder durch ein Sieb passieren. Mit Crème fraîche, etwas Butter, Salz, Pfeffer und Thymian abschmecken. Mit kleinen, in Butter gebackenen Weißbrotwürfeln garnieren.

Austernpilze, gebraten

Möglichst gleich große Pilzstücke werden in einer heißen Pfanne in etwas Butter, Knoblauch und Olivenöl gebraten. Wenn sie fast gar sind, kommt noch ein Schnapsgläschen voll Weißwein dazu und ein Löffel Crème fraîche, Pfeffer, Salz und eine Handvoll Petersilie.

Garnelen-Gratin

● *4 große Garnelen* ● *1 Zitrone* ● *1 Knoblauchzehe*

● *Paniermehl* ● *6 Basilikumblätter* ● *1 Eßlöffel gehackte Petersilie*

● *1 Teelöffel Dillspitzen* ● *Salz, Pfeffer*

In einer Marinade aus Zitrone, Salz, Pfeffer und einer durchgepreßten Knoblauchzehe müssen die Garnelen eine Stunde lang ruhen und Geschmack annehmen. Dann werden sie in eine feuerfeste Form gebettet. Das Paniermehl wird mit den gehackten Basilikumblättern, Petersilie und Dill gemischt und über die Garnelen gestreut. Die Marinade mit dem Öl verrühren und über die Garnelen gießen. Bei 200 Grad im Backofen gratinieren. Krabben, Shrimps, Garnelen gelten in einigen Ländern der Erde als Meeresaphrodisiakum und stehen im Ruf, die Erektion zu vergrößern. Das leckere Krebsgetier ist auf jeden Fall reich an Mineralstoffen und Vitaminen und deshalb auch gut für Geist und Geschlecht.

Feigen-Crêpes

● *1 Eßlöffel Mehl* ● *etwas Milch* ● *1 Ei* ● *5 getrocknete Feigen*

● *Johannisbrotmehl* ● *Cognac*

Mehl, ein Schluck Milch und ein Ei werden verrührt. Das reicht für zwei dünne, in Butter gebratene Crêpes. Die Feigen werden im Mixer püriert oder sehr fein geschnitten und mit etwas Johannisbrotmehl vermischt. Die Mischung wird dann mit etwas Cognac aufgekocht und auf die Pfannkuchen verteilt. Mit Puderzucker bestäuben.

Picnic d'amore auf dem Dach

Ein Picknick zu später Stunde, am schönsten im Mondschein, am aufregendsten auf dem Dach, ist ein romantisches Erlebnis für ein verliebtes Paar. Besonders schön sind die Dächer in der Großstadt, die durch eine Luke meist doch irgendwie zugänglich sind. Es muß nicht gleich Manhattan sein, das unbestritten wahnsinnig aufregend ist und häufig das Film-Ambiente für opulente Frühstücke und Partys ist. Allein die Höhe des Daches ist wichtig. Ein hohes Wohnhaus sollte es schon sein, damit der Blick weit schweifen kann. Ein angemessener passender Termin ist Silvester. Wenn um einen herum die Welt in Schall und Rauch aufgeht und die Funken stieben, ist das *die* Gelegenheit, miteinander die gemeinsame Zeit zu feiern. Allerdings wird das kein Hauswirt erlauben, man muß deshalb heimlich und leise vorgehen. Heimlichkeit und Mut braucht es sowieso bei allen Arten von liebestollen Unternehmungen.

In den Picknickkorb gehört ein guter Tropfen Wein. Wein war ja schon im Altertum das sicherste und beliebteste Mittel, die Sinne zu betören und die Sitten zu lockern. Nicht zu schwer, aber würzig, vielleicht gespritzt, dann macht er nicht so schnell müde. Wein hin, Wein her, rot oder weiß – nie verkehrt ist eine Flasche Champagner.

Zu essen gibt es Avocadocreme, Crabmeatballs, dazu Tortilla-Chips und Knusperbrot und Rum-Kugeln.

Avocadocreme «Circe»

Das muß vorbereitet werden:

● *2 reife Avocados* ● *1 kleine, sehr fein gehackte Zwiebel*

● *1 Knoblauchzehe* ● *Saft einer Zitrone* ● *Salz, Pfeffer*

Die Avocados werden der Länge nach halbiert und das Fleisch mit einem Löffel aus der Schale gelöst. Fruchtfleisch mit einer Gabel zerdrücken, bis es einigermaßen glatt ist. Mit den Zwiebelstückchen, der zerdrückten Knoblauchzehe, Zitronensaft und Gewürz vermischen. Die Masse wird nun wieder in die Avocadoschale gefüllt und mit etwas Crabmeat oder Lachskaviar und einem Zweiglein Dill garniert.

Crabmeatbällchen «Adonis»

● *250 Crabmeat aus der Dose oder gefrorenes Krebsfleisch*
● *1 Tasse Weißbrotkrumen ohne Rinde* ● *½ Tasse Olivenöl* ● *1 Eßlöffel feingehackte Petersilie* ● *1 Eßlöffel feingehackter Dill* ● *Salz, Pfeffer*
● *1 Knoblauchzehe* ● *Paniermehl*

Die Brotkrumen mit dem Öl vermischen und so lange rühren, bis das Öl ganz aufgesaugt ist. Das Krebsfleisch zerpflücken und alles zusammen mit den Kräutern und Gewürzen vermengen. Dann mit angefeuchteten Händen aus der Masse kleine Bällchen formen, die in Paniermehl gewälzt werden. Entweder in einem Topf in Öl, das mit dem gehackten Knoblauch gewürzt ist, schwimmend ausbacken oder die Bällchen flach drücken und in einer Pfanne von beiden Seiten backen. Auf Küchenkrepp abtrocknen und aufs Dach tragen. Die Bällchen schmecken auf dem Dach auch noch lauwarm.

Tortilla-Chips bekommt man meistens in den Lebensmittelabteilungen der großen Warenhäuser in der lateinamerikanischen Ecke. Man kann aber auch dünne Weißbrotscheiben toasten und mit einer Knoblauchzehe abreiben. Auch mit Kräuterbutter bestrichene, ganz feine, harte Knäckebrotscheiben passen gut dazu.

Rum-Kugeln

● *½ Tasse Milch* ● *3 Teelöffel Honig* ● *⅔ Tasse Rum* ● *½ Tasse Puderzucker* ● *1 Tasse feingehackte Walnüsse* ● *2½ Tassen zerbröckelter Zwieback* ● *100 Gramm Schokoladenstreusel*

chokolade, Milch und Honig über kleiner Flamme schmelzen und verrühren. Nüsse und Zwiebackbrösel dazutun und 30 Minuten stehenlassen. Dann werden kleine Kugeln geformt, die man mit Puderzucker bestäubt und 1 Stunde im Kühlschrank auskühlen läßt. Früher wurde die Mischung noch mit ½ Tasse Marihuana angereichert. Bekannte Nachwirkungen begannen mit intensivem Herum-Kugeln.

Menü für Liebende, die immer auf der Flucht sind

Rohes Rindfleisch, Pilze, Lamm und Meeresgetier sind stark proteinhaltig, genau wie Gänse und Enten, Wildtauben und Rebhühner. Diese Vögel beflügeln die sexuelle Phantasie und die Leidenschaft. Deshalb eignen sie sich besonders für Liebende, die sich verstecken müssen oder verfolgt werden von Eifersucht und Mißgunst.

Gegen das schlechte Gewissen, für den Angstkitzel und um das Besondere des heimlichen Treffens auch kulinarisch nachzuvollziehen, gibt es ein Menü, welches das Bittere und das Süße freundlich vereint.

Sauerampfersüppchen

★

Überraschungseier

★

Flugente

★

Campari-Sorbet

Sauerampfersüppchen

● 2 Hände voll Sauerampfer ● 1 Eigelb ● ½ Liter Fleischbrühe oder Gemüsebrühwürfel ● Weißbrotwürfel

Die Sauerampferblätter werden gewaschen und in ½ Liter Fleischbrühe ganz kurz aufgekocht. Blätter herausnehmen, im Mixer pürieren und wieder zu der Brühe geben. Mit dem Schneebesen ein Eigelb unterrühren. Pfeffern und salzen und mit gebutterten, gerösteten Weißbrotwürfeln servieren.

Überraschungseier

● 2 hartgekochte Eier ● 4 Artischockenherzen ● Walnußöl und Balsamessig ● Petersilie ● Senf ● einige Kapern ● 4 Sträußchen Feldsalat ● Brunnenkresse ● einige Borretschblüten ● 2 Kapuzinerkresseblüten und -blätter

Aus gehackter Petersilie, gehackten Kapern, Öl, Balsamessig und etwas Senf eine Vinaigrette zubereiten. Die Eier in der Länge halbieren und das Eigelb herauslösen, das nun mit etwas Öl und den Artischockenherzen püriert wird. Auf den grünen, blauen und gelbroten Blättern anrichten. Die Artischocken-Ei-Masse über und in die Eihälften füllen. Die Vinaigrette darübergießen. Alle Blüten und Blätter können verzehrt werden.

Flugente mit weißen Rübchen

● Eine junge Flugente von ungefähr 1 kg ● Pflanzenöl ● Butter ● 1 Pfund weiße Rübchen ● 1 kleine Schalotte ● 2 Knoblauchzehen ● glatte Petersilie ● Portwein ● Pfeffer, Salz

ie Flügel der Ente stutzen und den Bürzel von den Fettdrüsen befreien. Die Ente innen und außen mit Pfeffer und Salz einreiben und an den Beinen zusammenbinden. Die weißen Rübchen schälen, die Enden abschneiden und möglichst alle Rüben auf gleiche Größe stutzen und vierteln. Schalotte, Knoblauch und Petersilie sehr fein hacken. 2 Eßlöffel Pflanzenöl in einem Bräter stark erhitzen und die Ente darin auf jeder Seite 2 Minuten scharf anbraten.

Die Ente im Bräter in den Ofen schieben und bei 220 Grad ca. 90 Minuten braten. Zwischendurch einmal auf den Bauch legen und die letzten 10 Minuten wieder auf den Rücken.

Die Ente aus dem Ofen nehmen und mit Alufolie abdecken. Während die Ente brät, werden die weißen Rübchen in 1 Eßlöffel Pflanzenöl ein paar Minuten lang gedünstet und gewendet. Zwei Messerspitzen Zucker dabei über die Rübchen streuen, dann die Hitze herunterstellen und die Rübchen ziehen lassen.

Den Knoblauch und die Schalotten in Butter gelb und glasig anbraten, dann mit etwas Portwein ablöschen. Den Saft, der sich in der Ente inzwischen angesammelt hat, dazugießen. Salzen und pfeffern und ein Stück Butter mit dem Schneebesen hineinschlagen. Noch einmal aufkochen lassen und die Petersilie hineinrühren.

Die Ente mit den Rübchen umgeben. Noch etwas Petersilie über die Rübchen streuen. Die Sauce getrennt servieren. Den Vogel am Tisch tranchieren.

Campari-Orangen-Sorbet

● *½ Liter Orangensaft oder 1 kg Orangen* ● *150 g Zucker*
● *Campari*

Die Früchte auspressen, den Zucker unter Rühren im Saft auflösen. Campari nach Geschmack dazugeben. Ins Gefrierfach stellen und alle halbe Stunde umrühren.

Noch mehr Schweinisches vorher, zwischendurch und danach

Ein geiles Süppchen vorweg

● *2-3 Eßlöffel Olivenöl* ● *2 Eßlöffel feingehackter Knoblauch*

● *1 Tasse grobe Weißbrotkrumen ohne Kruste*

● *½ Teelöffel Rosenpaprika* ● *1 Messerspitze Cayennepfeffer*

● *2 Messerspitzen Salz* ● *1 verquirltes Ei*

● *¾ l Wasser* ● *Petersilie oder Liebstöckel zum Garnieren*

Der Knoblauch wird im heißen Öl unter häufigem Rühren angebraten, bis er weich, aber nicht braun ist. Die Brotkrumen werden hinzugefügt und bei sanfter Hitze goldgelb geröstet. Es darf nichts anbrennen. Nun Wasser, Paprika, Cayennepfeffer und Salz dazugeben und aufkochen lassen. Dann bei kleiner Hitze 30 Minuten lang köcheln lassen. Mit einem Schneebesen muß die Suppe so heftig geschlagen werden, daß sich das Brot vollständig auflöst. Dann wird das verquirlte Ei unter leichtem Rühren hineingegossen. Nun wird es gefährlich, denn die Suppe darf auf keinen Fall mehr kochen, sonst gerinnt sie. Sie muß stark gewürzt schmecken und kann jetzt sicherlich *noch* eine Prise Cayennepfeffer und Salz vertragen. Sie wird in Suppenschalen gefüllt und mit gehacktem Liebstöckel oder Petersilie garniert. Dieses Süppchen heizt ein.

Liebestrank

Milch wird in einem Mixer mit ein paar Cashewkernen, Mandeln und Pistazien oder Pinienkernen schaumig geschlagen und dann erwärmt. Diese Milch heizt von innen an kühlen Abenden. Sie entspannt und beruhigt die Nerven. Sie verschafft ein wohliges Gefühl im Magen, macht etwas schläfrig und gleichzeitig triebhaft.

Rübenspänesalat

● *1 kleine rote Bete* ● *1 Möhre*

Werden ganz fein geraspelt. Möglichst mit einem Julienne-Hobel. Nicht miteinander mischen, weil die rote Bete sehr stark färbt. Diese schönen orangefarbigen und roten Raspeln werden mit einem Dressing übergossen, das schon die Pharaonen fit hielt für die Liebe.

● *Öl* ● *Wein* ● *ein paar gemahlene Koriandersamen*
● *etwas Chilipfeffer* ● *frisch gepreßter Knoblauch*

Dessert für hinterher

Eine Erfrischung haben zwei schwitzige Hitzköpfe sicherlich zwischendurch nötig. Da empfiehlt sich besonders ein kühlend labendes, feuchtkaltes Mango-und-Papaya-Sorbet. Die Früchte schälen, das Fleisch von Steinen und Kernen befreien, hacken und durch ein Sieb streichen. Die festen Reste wegwerfen. Den Saft einer Zitrone oder Limone hinzufügen. Den Zucker im Wasser kochen, bis ein dünnflüssiger Sirup entsteht. Abkühlen lassen und mit dem Fruchtpüree vermischen. Die Masse in eine leere Eiswürfelschale gießen und in die Tiefkühltruhe stellen. Leider muß sie alle halbe Stunde umgerührt werden, damit sich keine Eisstückchen bilden und die Masse fein wird wie Schnee. Zwischen zweimal Umrühren bleibt also nur Zeit für etwas Schnelles ohne große Tändeleien.

Das Sorbet könnte auch ein Liebesmahl krönen, und für das eine Mal im Bett eignet sich vielleicht eher der Papaya-und-Mango-Salat mit Limonensaft und ein fix und fertig gekauftes und tiefgekühltes Vanilleeis obendrauf. Das erquickt auch sehr schön und hält nicht so auf.

Besonders die Papayas gelten als potente Früchtchen in ihrer erotisierenden Wirkung. Allerdings sind sie, wie auch die Mangos, etwas gefährlich, was sich für paradiesische Früchte von selbst versteht. Bei den Mangos befindet sich unter der Schale eine Flüssigkeit, die bei manchen Menschen allergische Reaktionen hervorrufen können. Bei den Papayas ist es ein Enzym unter der Schale und im unreifen Fleisch. Die hautreizenden Säfte sollten bei empfindlichen Menschen nicht ins Gesicht oder in die Augen geraten.

Naschereien für heiße Nächte

Zweihundert Gramm Sesamsamen werden in einer Pfanne ohne Fett ganz leicht geröstet und in einer elektrischen Kaffeemühle zu Brei geschlagen. Diese Masse vermischt man mit je einer Messerspitze Vanille, gemahlenem Zimt und gemahlenen Gewürznelken. Dazu kommt noch je ein Eßlöffel voll kleingehackter Datteln oder Feigen oder Rosinen. Aus dieser Masse werden kleine Bällchen geformt, die während einiger Stunden im Eisschrank fest werden.

Sesam enthält viele Salze und Vitamine, die besonders auf die Geschlechtsdrüsen wirken. Sesamsamen wurden bereits im alten Ägypten verehrt und häufig für stimulierende Speisen verwendet.

Konfekt für eilige Liebhaber

Geröstete Sesamsamen werden mit festem Honig vermischt und gekühlt. Diese Paste ergibt ein gutes Liebesmittel, das aus kleinen Schälchen mit einem Löffel gegessen wird. Sesam war das Zaubermittel der Göttin Isis.

Ein Kaffee mit etwas Kardamom und ein kleiner Brandy passen gut dazu. Für das Bett eignet sich diese Klebrigkeit aber nicht.

Eine Tasse Kaffee mit Kardamom soll eine potenzsteigernde und überaus anregende Wirkung haben, allerdings verursacht der exzessive Genuß von Kardamom genau das Gegenteil. Eine Prise täglich vor dem Schlafengehen, entweder im Kaffee oder in warmer Milch mit Honig – je nach Höhe des Blutdrucks –, steigert das Gedächtnis und das Verlangen.

Spezereien für Gierige

Eine besonders süße und duftende Nascherei sind Zimtstäbe und Anishäufchen. Gierige Naschkatzen können sie sich zum Champagner auf der Zunge zergehen lassen. Auch zum Kaffee, der mit etwas Kardamom gewürzt ist, schmecken sie und reizen den Gaumen.

● *3 Eiweiß* ● *300 g Puderzucker* ● *Saft und geriebene Schale einer Zitrone* ● *10 g Zimt* ● *250 g geriebene Mandeln*

Das Eiweiß wird zu steifem Schnee geschlagen und mit Puderzucker, Zitronensaft und Zitronenschale dick gerührt. Zimt und Mandeln unterrühren und etwa 30 fingerdicke Stäbchen auf dem mit Backpapier ausgelegten Backblech formen. Bei schwacher Hitze so lange backen, bis die Stäbchen goldig sind.

Anishäufchen

● *4 Eier* ● *1 Eßlöffel zerstoßener Anis-Samen* ● *125 g Zucker* ● *125 g Weizenmehl* ● *Oblaten*

Die Eier trennen und das Eiweiß zu steifem Schnee schlagen. Zuerst das Eigelb unterrühren und dann Anis, Zucker und Mehl mit der Eimasse dick und vorsichtig verrühren. Das Backblech mit Oblaten belegen und kleine Häufchen von dem Teig darauf verteilen. Bei mittlerer Hitze werden die köstlichen Häufchen so lange gebacken, bis sie hellgelb sind.

Anis wird in Arabien als Gewürz beim Brotbacken verwendet. Hauptsächlich zu religiösen Festen. Außerdem wird Anis einem speziellen Gebäck beigemischt. Das gibt eine Ehefrau ihrem Mann zu essen, wenn er ihr allzu feurig und aufdringlich wird, um seine Begierde etwas zu dämpfen. Ganz anders dachten die Römer über Anis. Bei ihnen galt Anis-Samen als aphrodisisches Gewürz, das Mann und Weib erfreute.

Lebkuchenparfait

1/8 Liter Wasser mit 40 Gramm Zucker im Topf zu Sirup verkochen. 100 g Lebkuchen gut zerkleinern und mit dem Sirup verrühren. 2 große Eigelbe nach und nach unter die Masse geben. Dann im Wasserbad unter Rühren kalt werden lassen. Mit Cognac, Zucker und einer Prise Salz abschmecken. 1/4 Liter Schlagsahne steif schlagen und unter die Lebkuchenmasse geben. Alles in eine Schüssel füllen, und ab damit in die Tiefkühltruhe, für insgesamt etwa 5 Stunden. Zwischendurch ab und zu einmal umrühren. Vor dem Servieren die Form kurz in heißes Wasser tauchen und den Rand mit einem Messer lösen, bevor die Form gestürzt werden kann. Dazu gibt es Apfelschnitze, die in gewürztem Rotwein (Glühwein) gekocht wurden.

Frangipani-Schmelz

Frangipani war ein berühmter Parfumeur, der zur Zeit des französischen Königs Ludwig XIII. lebte. Berühmt wurde auch die nach ihm benannte «crème frangipan», mit der Törtchen, Desserts und kleine Windbeutel raffiniert gedeckt und geschmückt, gekrönt und gefüllt werden.

● *125 g Zucker* ● *125 g Mehl* ● *1 Prise Salz* ● *2 Beutel Vanillezucker*
● *4 Eigelb* ● *2 Eier* ● *1/2 Liter Milch* ● *200 g Marzipanrohmasse* ● *1 Eßlöffel Butter*

Zucker, Mehl, Salz, Eigelb und Eier werden miteinander verrührt. In einem Topf erhitzen Sie die Milch und die Butter, bröckeln das Marzipan hinzu und lassen das Ganze unter Rühren aufkochen, bis die Masse dick und glatt ist. Nun rühren Sie diese heiße Milchmischung sorgfältig unter die anderen Zutaten. Alles wird jetzt schwer und cremig. Für den Gebrauch muß die «crème frangipan» abkühlen. Dann wird sie in zwei bis drei Portionen aufgeteilt und nach Art des Meisters parfümiert. Mit Vanille-Aroma, mit Rosenwasser, mit Zimt, Nelken- oder Lavendelessenz, aber auch mit Cognac, Rum oder Likör. Außerdem können Sie die «crème» noch mit feingehackten Pistazien oder Mandeln anreichern und mit kandierten Veilchen- oder Rosenblättern garnieren. Auch ein Blätterteig aus der Tiefkühltruhe wird mit «crème frangipan» zu einem wahrhaft königlichen Naschwerk.

Heißes Teekännchen

● Rosmarin ● Thymian ● Koriander ● Pfefferminz ● ein paar getrocknete Rosenblätter ● etwas Muskat ● etwas Orangenschale ● etwas Zitronenschale ● 1 Teelöffel Schwarztee

Nehmen Sie eine Messerspitze voll oder ein wenig mehr von allen Kräutern und Gewürzen und begießen Sie die Mischung mit kochendem Wasser. Mit Honig gesüßt, ergibt das einen Aufguß, der es in sich hat: er soll Leidenschaft und Wollust wecken.

Ein Wein
für zwei willige Wesen

● Ein starker Rotwein sollte es sein, trocken und weich ● Ein Stück Zimtrinde ● Ein Stück getrockneter Ingwer ● Ein Stück Vanilleschote

Die Gewürze müssen drei Tage lang dem Wein ihre aphrodisierende Kraft vermitteln. Dann sollten Sie ihn trinken, und alles wird gut.

Zum Abheben und Abstürzen: Pilze, Kakteen und andere Lustfrüchtchen

Spanische Fliegen, die grüngoldenen Öl-Käfer, sind bei jedem arabischen Drogenhändler zu finden. Da die getrockneten Insekten leicht zerbrechen, sind sie, besonders in Mischungen, nur als Krümel zu identifizieren. In der Volksmedizin werden sie als Rheumamittel und als

Aphrodisiakum verwendet. Pulverisiert und gemischt nimmt man sie zusammen mit Nahrungsmitteln ein. Allerdings kommt es häufig zu ungewollten und manchmal auch zu beabsichtigten Vergiftungen.

Die Wirkung liegt darin, daß ihr Gehalt an Kantharidin zu einer Reizung der Harn- und Geschlechtsorgane führt, was sogar blutige Folgen haben kann. Das Mittel ist unberechenbar und manchmal tödlich. Vom Gebrauch solcher Mittel, die gefährlich werden können, ist dringend abzuraten.

In arabischen Bazaren kann man zum Beispiel eine Mischung kaufen, die «Die 44 Arzneien» genannt wird. Darin sind unter anderem enthalten: Pfeffer, Fenchel, Rosenknospen, Muskat, Kümmel, Dill, Kapern, Koriander, Zimt, Kardamom, Poleiminze, Gewürznelken, Ingwer, Safran, Lavendel, Anis, Sesam, Alraune, Hirse, Rosmarin und Spanische Fliege. Diese Mischung ist das Glanz- und Prunkstück eines arabischen Drogenhändlers. Alle Substanzen werden in einen Mörser gegeben und zerstoßen. Dann nimmt man ein junges Huhn, das noch nie Eier gelegt hat, tötet es vorschriftsmäßg, rupft es, entfernt die Innereien und füllt es mit der Drogenmischung. Die Öffnung wird zugenäht und das Huhn in einem Topf gekocht. Diese Speise wird allen empfohlen, die sich von magischen Krankheiten betroffen glauben, besonders Frauen, denen bisher Kinder versagt blieben.

Hauptsächlich gilt es aber als stark aphrodisierend. Es durchblutet den ganzen Unterleib sehr stark, weshalb es für schwangere Frauen unter allen Umständen verboten ist. Wozu zu bemerken ist, daß schwangere Frauen sowieso, auch ohne so ein Suppenhuhn, ganz schön scharf sind, weil sich ihr Gefühl, ihre Sehnsucht und ihre ganze Phantasie auf den Unterleib konzentrieren, und die vermehrte Blutansammlung im belebten Bauch erotisiert die Frau während der ganzen Schwangerschaft ungemein.

Zu den bedeutenden Pflanzen in der Liebesmagie der Griechen gehört auch das Knabenkraut, eine Orchideengattung, die in Mittel- und Südeuropa nur wild vorkommt, auf Wiesen, an Waldrändern, in Laubwäldern. Alle 25 Orchis-Arten sind beliebt in der Liebeskultur. Vermutlich wegen des großen, hodenförmigen Wurzelknollens wurde das Knabenkraut auch «satyrion» genannt, mit Anspielung auf das allzeit lüsterne Geschlecht der waldbewohnenden Satyrn, die den Dionysos begleiteten.

Die Inhaltsstoffe der Knollen, aus denen seit langem das im Orient sehr geschätzte Salepmehl und ein Gelee hergestellt werden, dienen in der Naturmedizin eher als Schutz für Haut und Schleimhäute und werden gegen Durchfall verabreicht. Dieser Gedanke macht zwar nicht gerade geil, ist aber typisch für die Anwendung von Naturheilmitteln, die ja nie auf nur eine Dysfunktion wirken, sondern auf den gesamten Menschen. Wahrscheinlich löst aber eine einzelne Orchideenblüte verläßlicher bei der Liebsten die Lust aus.

Die Menschen lebten früher eng verbunden mit der Natur und waren fasziniert von ihren Geheimnissen. Das größte Geheimnis war für sie immer das Wunder der Entstehung des Lebens. Alles, was damit zu tun hat, die Geschlechtsteile, ihre Vereinigung, Lust und Liebe, alles war anbetungswürdig. Um ihre sexuellen Heldentaten zu mehren, benutzten die Babylonier und die Ägypter vor Tausenden von Jahren bereits Mittel, die die Begierde steigern sollten. Ob ein Sud aus Alraunenblättern, ein Bilsenkrautpfeifchen oder eins mit Opium oder Haschisch, eine Gelatinekapsel mit einem Gramm Yohimbin oder einige Tropfen aus einer Yohimbin-Abkochung, der zweifelhafte Genuß des ekelerregend schmeckenden Peyote – das Bedürfnis nach sexuellen Stimulanzien kann man in allen Kulturen und Religionen finden, und das Interesse daran ist bis in die heutige Zeit nicht erloschen.

Können Substanzen, die weder gut schmecken, gut aussehen, gut riechen, Liebesmittel genannt werden, wenn sie lediglich die Geschlechtsteile reizen?

Verführungskunst

s' gibt Hexen, die gern Knabenkraut

(ein schädlich Zeug) empfehlen;

ich halte es für Gift und rat',

es nicht zu wählen.

mit Nesselsamen untermischt,

wird Pfeffer auch verschrieben,

desgleichen gelber Estragon

in altem Wein verrieben.

doch so läßt sich Frau Venus nicht

zu ihren Freunden drängen,

die unterm Berge Eryx thront

an seinen schatt'gen Hängen!

was Megara in Griechenland

an weißen Zwiebeln sendet,

der Sellerie erregend Kraut,

das dir der Garten spendet,

die nimm! Auch Eier, Honigseim,

der auf Hymettus fließet,

sowie den Kern der Pinie,

der unter Nadeln sprießet.

Ovid

5

Kissen

zum

Küssen

Kissen

zum

Küssen

«Schlafmittelchen» können zu zweit angewendet werden oder auch allein. Eine echte Herausforderung für Liebes-
zauberlehrlinge ist es, nicht nur sanft und selig zu schmachten, sondern die Traumfrau oder den Traummann im Traum zu treffen. Vielleicht
klappt es, indem man ein Foto unters Kopfkissen legt. Schließlich sollen Gene-
rationen von Schülern mit dem Lateinbuch unter der Schlummerrolle Vokabeln
gelernt haben. Für unsere Vorfahren war eine traumhafte Begegnung so gut wie eine
fleischliche. Sie machten keinen Unterschied zwischen dem Traum- und dem Tag-
bewußtsein. Träume haben, alten Mythen nach, auch Orakelbedeutung. Mutter Erde, die
überall als Traumspenderin galt, gewährte unruhigen Menschen, die ihre Sorgen durch eine
Erdspalte der Göttin der Tiefe, Gaia, zuwisperten, nächtliche Antwort auf drängende Fragen.
Man brauchte sich nur auf den bergenden Schoß der Erde zu legen, dann eröffnete sie sich dem
Träumenden. Noch im Mittelalter ließ sich jeder, wann und wo immer er Lust auf ein Schläfchen
hatte, einfach auf dem Boden nieder. Die Schlafsitten haben sich seither sehr verändert. Nicht
nur, daß die Schlafenszeit festgelegt ist, auch ein Extrazimmer für die Nacht wurde, zunächst
nur an Königshäusern, eingeführt. Dann folgten der Adel und schließlich das Bürgertum der
Gewohnheit, sich abends in ein separates Schlafgemach zurückzuziehen. Das Volk, genannt
«das gemeine», nächtigte familienweise in einem einzigen Raum, manchmal sogar in einem
einzigen Bett. Noch im 19. Jahrhundert wurde durchreisenden Besuchern von bretonischen
Bauern ein Platz auf dem gemeinsamen Lager angeboten. Ob beim gemeinsamen Sleep-in
manchmal erotisierende Mittel angewendet wurden, um im Traumland eine Orgie un-
gestört zu feiern, ist nicht überliefert. Ein Rezept indischen Ursprungs empfiehlt für
ein Treffen im Traum, das Wort «Schiwa» («Shiva») mit Blut auf ein Stück Papier zu
schreiben. Auf ein anderes klebe man drei Haare der Geliebten und schreibe
ihren Namen dazu. Dann rolle man beide Zettel zusammen, verstecke sie
in einem Apfel (aber nicht nur in irgendeinem Boskop, sondern in
einem Granatapfel) und lege diesen unter das Schlummerkissen.
Das soll bei beiden Schläfern unkeusche Begier wecken und
sie im Traum zusammenführen. Nur, wer schläft schon gern
auf einem Apfel, wo doch schon eine Erbse drückt!

Grundausstattung
für das buhlerische Bett

Abgesehen mal vom breiten Bett, von teurer Wäsche, Seide oder Leinen, von Tischchen, Töpfchen, Tiegelchen und Kästchen für die verschiedenen Beischlafutensilien, was alles nicht so wichtig ist, aber schön – abgesehen davon gibt es einige Dinge, die unerläßlich sind für Leute, die sich im Bett lieben wollen.

Sehr wichtig ist eine helle Leselampe, damit das Vorlesen Spaß macht. Ein gnädiger Dimmerschalter für danach ist sehr angenehm. Für die duftenden Kissen, die die Sinne entzücken, aufregen oder besänftigen sollen, sind getrocknete Kräuter und Blumen nötig. Wo man die Kräuter und ätherischen Öle für die folgenden Rezepte kaufen kann, Näheres zu Preisen, Wirkung und Bezugsmöglichkeiten steht auf den Seiten 170 und 181.

Ferner benötigt man Wattebäuschchen und einen Mörser. Um die duftenden Kräuter- und Blumenmischungen angemessen und luxuriös zu verpacken, brauchen Sie schönen Stoff. Alte Spitzentaschentücher, von denen zwei aufeinandergenäht werden, sehen romantisch aus. Auch karierte Bauernschneuzer sind in Ordnung. Hauptsache, die Kissen sind nicht zu klein. Es lohnt sich, nach Resten alter Spitzen zu fahnden, die, auch wenn sie winzig sind, auf einem Duftkissen zu neuen Ehren kommen. Damit die Kräuter nicht im Bett krümeln, müssen Spitzen allerdings mit etwas dünnem Stoff unterlegt werden. Der Stoff darf nicht zu fest gewebt und nicht zu dick sein, sonst dringt das Aroma nicht genügend durch. Schimmernder Satin eignet sich nicht. Baumwolle oder dünnes Leinen sind besser. Die Kissenhälften werden bis auf eine Öffnung aneinandergenäht und erst verschlossen, wenn sie gefüllt sind. Die ätherischen Öle werden auf das Wattebäuschchen getröpfelt und mit den Kräutern zusammen eingenäht. Faule tragen den Stoff zum Schneider.

Wer im Schlafzimmer noch Besuch erwartet, kann auf die schnelle ein halbes Räucherstäbchen mit Patschuli verkokeln oder etwas Ambra, Moschus, Sandelholz, Kardamom oder Rosenwasser auf die Bettwäsche sprühen (Wasser mit ein paar Tropfen des ätherischen Öls in einen Zerstäuber füllen). Schöner ist auf alle Fälle ein Duftgefäß im Schlafzimmer. Dafür eignen sich alle Deckelschalen aus Porzellan sowie alte Suppenschüsseln und Saucentöpfe und natürlich die Potpourri-Gefäße mit durchlöchertem Deckel. Da ist sicher auf Flohmärkten noch einiges zu finden. Die «Potpourrischale» kann auch offen stehen, dann wird ihre Verführungskraft fühlbar, wann immer man an ihr vorbeigeht. Niemand wird es unterlassen, bei ihrem Anblick sich zu beugen, um einen Hauch vom Zauber müder Schönheit und morbider Eleganz einzufangen.

Kräuterkissen, auf dem man die Nacht durchlieben kann

50 g getrocknete Rosenblätter • 30 g Pfefferminzblätter • ein paar zerstoßene Gewürznelken • 20 g Rosmarin • 2 Tropfen Patschuli • 2 Tropfen Moschus auf einen Wattebausch

Alles zusammen wird in ein kleines Kissen gefüllt. Das vertreibt jede Art von Melancholie, die sich beim Lieben manchmal einstellt, und muntert immer wieder auf.

Dieser Kissenduft hält sich fast ein Jahr lang. Danach muß die Kräuterfüllung gegen eine neue ausgetauscht werden. Oder der Liebhaber.

Kissen, in dem man morgens besonders gut kann

Diese Kissenfüllung belebt während des Schlafes die Schläfer aufs neue. Die Kräuter führen einem erschöpften Paar während der Nacht neue Energien zu. Besonders Rosmarin und Pfefferminze tun ihr Bestes, um Geist und Sinne wieder zu beleben.

40 g Rosenknospen • 30 g Pfefferminz • 30 g Rosmarin • 8 g zerstoßene Gewürznelke

Kissen, in denen ein hastiger Wüstling sanft wird

● *3 Teile getrocknete Veilchenblüten* ● *3 Teile getrocknete Rosenblüten*

● *1 Teil getrocknete Wurzel der Florentiner Schwertlilie*

● *1 kleiner Wattebausch mit 2 Tropfen Sandelholzöl*

Dieses Kissen ist entzückend und vermag es, einen eiligen Mann, für den der Liebesakt eine Hygienemaßnahme ist, auf verspieltere Gedanken zu bringen, vorausgesetzt, Sie finden es überhaupt lohnend, ihn ins Bett zu locken.

Kissen für den tiefen Schlaf danach

● *2 Teile getrocknete Pfefferminze* ● *2 Teile getrocknete Kamille*

● *1 Teil getrockneter Waldmeister*

Dieses Kissen hat vielleicht die Frau nötig, wenn der Mann sich, erschöpft von sexuellen Heldentaten, beiseite gerollt hat. Damit sie nicht hineinweinen muß, schenkt ihr dieses Kissen gnädigen Schlaf. Vielleicht träumt sie, sie wär' im Wald und sonst noch allerlei.

Noch ein Kissen für Murmeltiere

● *1 Teil Melisse* ● *1 Teil Lavendel* ● *1 Teil Heublumen*

● *1 Teil Hopfen* ● *1 Teil Baldrianwurzel*

Auf diesem Kissen schläft man tief, was besonders wichtig ist, wenn die halbe Nacht mit Liebesspielen vertändelt wurde und am nächsten Morgen früh ein Termin die ganze Kraft verlangt. Auf diesem Kissen läßt sich locker, wenn die Nacht nicht mehr lang ist, ein traumloser Tiefschlaf in kürzester Zeit nachholen. Wenn dieses Kissen abends auf der Heizung erwärmt wird, hilft es auch bei Rheuma und Bauchweh.

Kissen, um Nervis und Maulis weichzustimmen

Fülle ein Kissen zu gleichen Teilen mit

● *Lavendel* ● *Majoran* ● *Rosenblättern* ● *ein paar zerstoßenen Gewürznelken*

Wer nachts auf diesem Kissen schläft, wird besänftigt, kriegt einen klaren Kopf, entspannt sich und sieht morgens wieder ganz deutlich, was neben ihm lockt.

Kissen, das Hitzköpfe zur Ruhe bringen soll

● *2 Teile Dillsamen* ● *1 Teil Anis-Samen* ● *1 Teil Melissenblätter*

Diese Mischung wird in ein Kissen genäht und bei Bedarf in die Nähe des Hitzkopfes gelegt. Das besänftigt sehr und ist auch für kleine Schreihälse geeignet, also wohltuend für alle.

Kissen für kleine Katzen

Katzen sollen auch nicht leben wie ein Hund, und darum ist es lieb vom Menschen, wenn er seinem Katzentier ein Schnurrkissen zum Rekeln und Strecken näht. In das Katzenkissen hinein werden getrocknete Blätter und Blüten der Katzenminze (Nepeta cataria) gestopft. Die Katze wird jeden anderen Platz in der Wohnung verschmähen und nur noch auf diesem Kissen träumen wollen.

Kissen, das in die Kissen zieht

● 1 Pfund Gemeiner Beifuß (Wilder Wermut)

Mehr braucht es nicht, um alle Unruhe zu vertreiben, fröhlich und heiter zu stimmen. Beifuß soll auch magische Kräfte haben. In alten Kräuterbüchern wird empfohlen, ein Zweiglein Beifuß an den Bettpfosten eines quengeligen Babys zu hängen oder Rauch davon unter dem Bette des Kindes zu machen. Es soll alle Verdrießlichkeit von ihm nehmen. Mit so einem Wilden-Wermut-Kissen stellen sich bei Erwachsenen häufig kühne Träume ein.

Kissen, das beim Filmriß hilft

● 1 Teil Rosmarin ● 1 Teil Salbei

Diese Kissen sollten Menschen bei sich haben, die vergeßlich sind. Rosmarin stärkt das Erinnerungsvermögen, macht einen klaren Kopf über Nacht und erhellt den Geist. Das kann manchmal von Nutzen sein. Aber Vorsicht! Wer weiß, was einem morgens beim Aufwachen alles wieder einfällt? Man kann auch aus Rosmarin und Salbei einen Tee kochen. Er muß 10 Minuten lang ziehen und kann ungesüßt und schlückchenweise getrunken werden. Mit jedem Schluck sieht man klarer.

Kuschelmuschelkissen

● 6 Teile Zitronenkraut ● 3 Teile Lavendelblüten ● 2 Teile Majoran
● 4 zerstoßene Gewürznelken

Das ist das richtige für zwei Menschen, die erst spät ins Bett finden, weil irgendwelche Arbeit sie den ganzen Tag bis in den Abend hinein beansprucht hat. Diese Kräuter entspannen, rufen eine wohlige Ruhe im Körper hervor und verwehen jedes Streßgefühl und jede Angstplage. Der Schlaf kommt schnell, gerade noch fürs Kuscheln reicht die Energie, das Muscheln hat vielleicht auch bis zum Morgen Zeit.

Wonnekissen
für Bettwühlmäuse

Zu den aphrodisischen Pflanzen gehört auch der Echte Wermut (Artemisia absinthium), der in unseren Gärten kultiviert werden kann. Er duftet zart und kann, wenn er auch nur in die Nähe gebracht oder unter die Polster gelegt wird, die sinnliche Begierde wecken. Bekannt geworden ist der inzwischen in fast allen Ländern verbotene Schnaps Absinth, der mit Wermutöl hergestellt wurde und ein Nervengift enthält. Vincent van Gogh war so verrückt davon, daß er sich ein Ohr abschnitt und seinem Freudenmädchen schenkte, ehe er sich mit verbundenem Kopf porträtierte.

Zwei zusammengenähte Taschentücher voll von silbriggrünen Wermutblättern unterm Kopfkissen werden nächtens wohlig wirken.

Darüber hinaus soll Wermut auch die Zauberwirkung besitzen, eine Annäherung an eine weit entfernt schlafende Person zu vermitteln.

Potpourri für zarte Nasen

Empfindliche Wesen, die den Duft nicht so dicht ertragen, sollten Duftgefäße (Potpourri-vasen) im Schlafzimmer aufstellen, die sich nach Bedarf ein wenig an der Heizung wärmen dürfen. Vielleicht antik und edel oder modern und cool, aber nicht aus Metall. Der Deckel wird geöffnet, und ein hauchzarter Duft schwebt durch den Raum. Eine Nachttischlampe reicht auch als Wärmequelle. Sobald die Kräutermischung wieder kühl wird, verschwindet der Duft. Deckel drauf, Duft drin.

Wer einen Garten hat, kann die Blüten und Kräuter selber ernten, trocknen und in dunklen, verschlossenen Gläsern aufbewahren, bis er alle seine Schätze zusammen hat.

● *Mehrere Hände voll Rosenblütenblätter, Gartennelken, Lavendelblüten, Rosmarinblüten und -blätter, Majoranblüten und -blätter, gemischte Blüten und Blätter von Pfefferminz, Ysop, Veilchen und was sonst noch duftend blüht.*

- *1 Eßlöffel gemahlene Wurzel der Florentiner Schwertlilie*
- *1 Vanilleschote, in Stücke geschnitten* ● *1 Eßlöffel gemahlenes Benzoëharz*
- *getrocknete, mit Gewürznelken gespickte Mandarinenschalen, in Stücke geschnitten* ● *ein paar geriebene Pimentbeeren* ● *geriebener Koriander* ● *1 gemahlene Zimtstange* ● *2 zerbrochene Lorbeerblätter*
- *1 Teelöffel geriebene Muskatnuß* ● *1 Teelöffel kleingehackter getrockneter Ingwer*

Alles wird miteinander vermischt, und dazu kommt noch ein bißchen Basilikumöl und Rosenöl. Die Mischung muß sechs Wochen fest verschlossen bleiben, damit sich die verschiedenen Substanzen gut miteinander verbinden. Ab und zu muß umgerührt werden. Dann kommt der Tag, an dem das schöne Deckelgefäß mit Nelkenöl ausgerieben wird. Der Potpourri wird umgefüllt und nun bei Bedarf unter eine Lampe oder an die Heizung gestellt, wo er verduften darf.

Er enthält alles, was gut und schön ist. Er sieht geheimnisvoll aus, er raschelt, wenn man mit der Hand hindurchfährt, er erfreut die Sinne und ist voller Zauber.

Wo wir gerade bei Zauber sind:

Treuezauber

Ist Ihre Geliebte oder Ihr Geliebter ein frivoler Mensch, dem nicht über den Weg zu trauen ist, weil er immer nur an das eine denken muß, dann ist jeder Treueschwur vergebens. Sobald ein Partner während einer vorübergehenden Abwesenheit – etwa während einer Geschäftsreise – starken Versuchungen ausgesetzt ist, kann man ihn mit diesem Rezept aus dem 14. Jahrhundert vielleicht vor Untreue bewahren:

Zwei Hälften einer Eichel werden heimlich im ehelichen Federbett verborgen. Sie halten das Paar zusammen.

So kann natürlich auch ein abgewiesener Lover den ehelichen Beischlaf verhindern, falls es ihm gelingt, sich unbemerkt ins Schlafzimmer zu schleichen und dort seine Eichelhälfte im Bettzeug zu verstecken.

Glücklicherweise gibt es auch eine Möglichkeit, dem Zauber ein Ende zu bereiten. Das Paar braucht nur seine eigenen beiden Eichelhälften in den Kissen wiederzufinden, sie zusammenzufügen und so sechs Tage lang aufzubewahren. Danach muß jeder eine Hälfte verspeisen. Pech, wenn eine davon die des Möchtegern-Liebhabers ist. Noch ein reichlich unseriöser Zauber:

Kissen, das Wollust weckt

Der sonst ehrwürdige Plinius der Ältere (23–79 n. Chr.) empfiehlt, Wolle mit Fledermausblut zu tränken und sie der Geliebten unters Kopfkissen zu schieben. Das soll die Weiber lüstern machen. Die armen Fledermäuse!

Orientalisches Sachet

Riechkissen nannte man früher französische «sachets de senteur» – Aromasäckchen. Sie lagen weniger in den Betten als in den Schränken zwischen der Wäsche. Das half in erster Linie, die Wäsche gegen Motten zu schützen und sie gleichzeitig zu parfümieren. Für die gute Wäsche gab es früher Truhen aus Sandelholz oder Schränke aus Zypressenholz. Lavendelsäckchen, Kampfertabletten, Waldmeistersträußchen und Wurzelstückchen der Florentiner Schwertlilie, die in Frankreich «garde-robe» heißt, werden heute noch als zuverlässige Mittel gegen fadenfressende Insekten benutzt.

- *24 Teile gemahlene Wurzel der Florentiner Schwertlilie (Iris florentina, auch Veilchen- oder Iriswurzel genannt)* - *8 Teile gemahlene Kalmuswurzel (Acorus calamus)* - *6 Teile gemahlenes Rosenholz (Physocalymma scaberrimum)* - *6 Teile gemahlenes Benzoëharz (Styrax benzoin)* - *1 Teil gemahlener Zimt* - *½ Teil gemahlene Nelken*

Dieses Sachet duftet fein und orientalisch. Es eignet sich besonders für teure Seidenwäsche.

Sachets sind kleine Blüten- oder Kräuterkissen oder -beutelchen, die, je nach Größe, geknotet oder zugenäht werden. Sie werden wie Amulette direkt am Körper getragen oder aufgehängt. Am besten da, wo sie ihre magische und duftende Kraft entfalten sollen: über dem Bett beim Lieben, am Arbeitsplatz beim Geldverdienen, über der Haustür, um das Haus samt Inhalt zu schützen. Sie werden eingemauert und vergraben, sie werden versteckt unter Holzbohlen, in finsteren Kellerecken und im Kamin. Sie sind ein schönes Geschenk. Es gibt Sachets gegen Krankheit und Leiden, gegen Magie und bösen Zauber, gegen Armut, Sachets, die vor Autounfällen bewahren sollen und vor Alpträumen, Sachets, die das Wetter beeinflussen und Geister im Haus aufspüren und vertreiben sollen. Und es gibt Liebes-Sachets.

Liebes-Sachet, verschärft

● *Rosenknospen* ● *getrocknete Orangenschale* ● *1 zerstoßene*
Gewürznelke ● *1 Atemhauch von einem Baby*

Ein solches Sachet sollte am Körper getragen werden, und zwar von beiden, die sich lieben. Nicht damit sie schnell Eltern werden, obwohl das Sachet vielleicht auch dazu taugt, vielmehr weil der Lebenshauch des neuen Menschen die geballte Vitalität der Liebe in sich trägt. Ohne sie würde er vergehen.

Würzamulett für zögernde Geliebte

● *Rosenblüten für die Liebe* ● *Rosmarin für die Erinnerung*
● *Malvenblüten für die Schönheit* ● *Kamille für die Energie*
● *Gewürznelke für die Hingabe*

Diese Zutaten werden miteinander vermischt und in ein kleines Beutelchen, am besten aus rosa Stoff, genäht. So wird es der oder dem heimlichen Liebsten zugesteckt.

Talisman für eine Frau

● Rosenblätter ● Lavendel ● Gemahlene Wurzel der Florentiner
Schwertlilie (auch Veilchenpulver)

Insgesamt braucht man nicht mehr als eine Handvoll, damit alles in einem Spitzentaschentuch Platz hat. Die Blüten und das Pulver werden sorgfältig mit den Händen vermischt, wobei es günstig ist, seine liebevollen Energien wirklich strömen zu lassen. Wenn ein Spitzentaschentuch nicht den ästhetischen Vorstellungen der Geliebten von Schönheit und Liebe entspricht, tut es auch ein anderer Stoff. Rosa oder rot darf er sein, nur nicht synthetisch, aber das versteht sich wohl von selbst.

Das Stückchen Stoff muß quadratisch sein und so groß wie ein Taschentuch. Die Blüten kommen in die Mitte des Tuches, die vier Enden werden zusammengeknotet. Man kann auch ein flaches Kissen daraus nähen. Falls die Geliebte es immer am Körper haben will, trägt das nicht so auf.

Das Hohelied Salomons

Er küsse mich mit dem Kusse seines Mundes;

        denn deine Liebe ist lieblicher als Wein.

Es riechen deine Salben köstlich; dein Name ist eine ausgeschüttete

        Salbe, darum lieben dich die Jungfrauen.

Mein Freund ist mir ein Büschel Myrrhen,

        das zwischen meinen Brüsten hanget.

Siehe, meine Freundin, du bist schön;

        schön bist du, deine Augen sind wie Taubenaugen.

Siehe, mein Freund, du bist schön und lieblich.

        Unser Bett grünt, unserer Häuser Balken sind Zedern,
unser Getäfel Zypressen.

        Ich bin eine Blume zu Saron und eine Rose im Tal.

Wie eine Rose unter den Dornen,

        so ist meine Freundin unter den Töchtern.

Wie ein Apfelbaum unter den wilden Bäumen, so ist mein Freund

        unter den Söhnen. Ich sitze unter dem Schatten,
des ich begehre, und seine Frucht ist meiner Kehle süß.

        Er führt mich in den Weinkeller,
und die Liebe ist sein Panier über mir.

        Er erquickt mich mit Blumen und labt mich mit Äpfeln;
denn ich bin krank vor Liebe.

        Seine Linke liegt unter meinem Haupte,
und seine Rechte herzt mich.

        Mein Freund ist mein, und nach mir steht sein Verlangen.

Ein Tag

und

eine Nacht

aus lauter

Lust

und Liebe

Ein Tag

und

eine Nacht

aus lauter

Lust

und Liebe

Zugegeben – die Haremsdamen vom Topkapı-Palast hatten im allgemeinen mehr Zeit, sich auf die Liebe vorzubereiten als die Karrierefrauen von heute. Und der Sultan lag abends bestimmt ausgeruhter auf der Ottomane als ein Yuppie auf seinem Futon. Zugegeben – Zeit ist knapp, Zeit ist kostbar. Aber wer will schon das große weiße Kaninchen aus «Alice im Wunderland» im Bett, das immer auf seine Taschenuhr guckt und ruft: «Keine Zeit, keine Zeit!» Selbst wenn es einen guten Ruf als fixer und häufiger Rammler hat, ist es doch ein Geizkragen und sein erotischer Unterhaltungswert gleich Null. Auch wenn sich sonst alles im Leben um die Geschwindigkeit dreht – beim Entwickeln, beim Produzieren, beim Verkaufen, beim Verdienen, beim Ausgeben, der abendländische Mensch darf, soll und kann wenigstens hin und wieder der Lebens- und Liebeskunst die Ehre geben, indem er Zeit «investiert», Muße, Hingabe und Geduld kultiviert. Da die Zeit also zu einer neuen Dimension des Kostbaren geworden ist, gibt es kein besseres Geschenk für den Liebsten oder die Liebste. Auch die abendländische Etagenwohnung hindert niemanden daran, eine Atmosphäre zu schaffen, in der morgenländische Sinnesfreude gedeiht. Wenn Sie sich entschließen, ihrem Schatz einen ganzen Tag und eine ganze Nacht zu schenken, gehen wir davon aus, daß Sie sich schon kennen. Falls Sie erst in der Disco Ausschau halten, wenn bei Ihnen zu Hause bereits die Duftschwaden wabern, das Massageöl bereitsteht und die Kaviarhäppchen angerichtet sind, kann es auch so enden, daß Sie allein nach Hause kommen, die Kanapees allein verspeisen und sich selbst massieren. Lassen Sie also schon die Einstimmung zu zweit beginnen. Mit Einstimmung ist, anders als beim Vorspiel, keine Streicheltechnik gemeint, sondern das Ritual, diesen Tag und diese Nacht aus dem Alltäglichen herauszuheben. Der Tag könnte zum Beispiel mit einer kleinen Morgengabe beginnen, auch wenn es nicht der Morgen nach der Hochzeit ist. Albertus Magnus, ein mittelalterlicher Gelehrter, empfiehlt einen goldenen Diamantring. Offensichtlich wußte auch er schon wie später Marilyn Monroe, daß «diamonds the girl's best

friends» sind. Sie dürfen nur den Ring keinesfalls direkt vom Juwelier zur
Geliebten (oder zu ihm, falls er sich gerne schmückt) tragen. Er muß näm-
lich noch zauberisch «potenziert» oder «aufgeladen» werden. Dazu müssen
Sie ihn, in Seide gewickelt, neun Tage lang am Herzen tragen. Am neunten
Tag vor Sonnenaufgang flechten Sie drei von Ihren Haaren mit dreien vom
Schatz zusammen und sprechen laut: «O Leib, mögest du mich lieben und
mich so heftig begehren wie ich dich.» Nun werden die Haare in Samen
getaucht (geht bestimmt auch mit weiblichen Liebessäften), ebenso der
Ring. Alles wird wieder in Seide gewickelt und nochmals sieben Tage am
Herzen getragen. Dann endlich dürfen Sie das Kleinod – blankgewienert –
der begehrten Person überreichen. Wollen Sie nicht so viel Vorbereitung
aufwenden, darf es auch Geschmeide mit Jaspis oder Smaragden sein. Das
sind Edelsteine, die ohne viel Federlesens scharfmachen sollen. Nicht ganz
so kostspielig und auch sehr persönlich ist als Geschenk ein «Pomander».
So nannte man früher Duftkugeln, die mit duftenden Kräutern oder Essenzen gefüllt waren, zum Beispiel mit Ambra. Haben Sie das Ritual der Morgengabe vollzogen? Raus aus den Federn! Ihre Wohnung braucht nun ein
spezielles Odeur und einige weitere Ingredienzen außer dem natürlichen
Duft der Liebe. Auf dem Wochenmarkt läßt sich gut frühstücken mit frischen Brötchen und Fisch und Früchten. Streifen Sie kauend und naschend
umher, und kaufen Sie ein paar Leckereien für mittags und den Abend ein.
Beim Blumenhändler können Sie bestimmt einen Rabatt aushandeln,
wenn Sie ihm alle seine Rosen abkaufen. Dekorieren Sie die ganze Wohnung mit üppigen Buketts. Kleopatra war noch viel verschwenderischer.
Sie ließ den Palast-Boden, auf dem sie sich mit Mark Anton bettete, knie-
hoch mit Rosenblüten bestreuen. Sie sollten zunächst keusch bleiben,
damit die Spannung nicht nachläßt. Am besten packen Sie einen Picknickkorb und begeben sich auf einen kleinen Ausflug. Nehmen wir an, es ist
Sommer, und Sie sind ein Landmensch. Dann öffnen Sie Ihren Freßkorb
doch in einem Heuschober (von fremden Leuten), oder suchen Sie sich

einen sonnigen Hochsitz, ziehen sich nackt aus und fürchten sich wohlig, entdeckt zu werden. Das prickelt innerlich wie das Heu auf der Haut. Als Stadtmensch könnten Sie es sich zum Beispiel im Erste-Klasse-Abteil einer S-Bahn gemütlich machen und von einem Ende der Stadt zum anderen fahren. Der Schampus schmeckt doppelt gut bei achtzig Sachen. Noch aufregender ist allerdings ein Paternoster. Da die Abteile immer nur für zwei Personen zugelassen sind, müssen Sie nicht befürchten, daß unterwegs jemand zusteigt. Statten Sie das Holzkarree aus, als wäre es der Orientexpreß. Ein Stückchen Brokatstoff als Tischtuch, zwei bequeme Seidenkissen zum Sitzen und vielleicht eine erotische Zeichnung aus Japan an der Wand (Klebestreifen nicht vergessen). Entzünden Sie ein Räucherstäbchen, spielen Sie Musik vom Kassettenrecorder (Mozart oder etwas Arabisches) und vergessen Sie den Hausmeister, der Sie eventuell stören könnte. Im Picknickkorb stecken Ihre besten Teller, Silberbecher und natürlich Stoffservietten. Luxus muß sein. Zum Champagner knabbern Sie Pistazien, auch «Welsche Pimpernuß» genannt, oder Mandeln. Beides mehrt, so lehrt ein einschlägiges Kochbuch, die Natur. Wenn Sie mit Krupp oder Krösus verwandt sind, schlürfen Sie jetzt ein Trüffelelixier. Geht ganz einfach: Sie kochen 4 Pfund Trüffeln, geschält, in 1/2 Liter Wasser mit 1 Pfund Melisse und 8 Pfund Mariendistel und 100 Gramm Zucker sirupartig ein, geben 15 ml Weingeist, ein Gläschen Honig und eins mit Rosenwasser dazu, parfümieren mit ein wenig Moschus und trinken die Mischung heiß. Im Paternoster aus der Thermoskanne. Dazu schmecken mit Kaviar gefüllte Eier «Cupido» und hinterher ein Fruchtsalat mit dem Geschmack der Sünde aus Ananas, Mangos, Orangen, Kiwis und Litschis. Den Obstsalat in weißem Rum mit Zucker und Kardamomsamen ziehen lassen. Inzwischen ist es Ihnen trotz der Kissen zu unbequem geworden, und Sie wollen zurück in die heimische Lasterhöhle. Ziehen Sie dort erst mal etwas Bequemes an, wie die Filmstars, also etwas aus Seide. Sie können es ja der Aphrodite gleichtun. Sie hatte einen besonders erlesenen Geschmack:

«Sie hüllte ihren Leib in Gewänder,

 welche die Grazien und Horen für sie gefertigt

  und in Blumenduft getaucht hatten ...

   nektarspendende Rosenblüten,

    ambrosiaschwellende Narzissenkelche und Lilien ...

     Jede Jahreszeit

      verschwendete ihren Duft

       über die Stoffe, die göttliche Aphrodite zu kleiden.»

Dazu legte sie natürlich ihren magischen Gürtel an, der jeden mit Liebe zu
seiner Trägerin erfüllte. Falls Sie ebenfalls so ein Prachtstück im Kleider-
schrank haben, halten Sie nicht hinterm Berg damit. Wenn nicht, bleibt
noch jede Menge anderer Zaubermittel. Weil auch Geld geil macht, hier ein
Rezept für Gold: 20 Teile Platin, 20 Teile Silber, 240 Teile Bronze, 120 Teile
Nickel. Die Zutaten werden getrennt voneinander geschmolzen und dann
in einer Wanne miteinander vermischt und gut durchgerührt. Das Rezept
ist uralt und indisch und bestimmt sehr gut, aber reichlich aufwendig. Einfacher kommen Sie an Gold und damit an echtes Geld in allen Banken und
Sparkassen. Ein Universalmittel für die Lust ist Pfeffer. An die scharf-
machende Wirkung von Pfeffer glaubte man früher so sehr, daß man in
Schwaben sogar den Tanzboden pfefferte, um die Tanzenden zu erregen.
Probieren Sie doch aus, ob das stimmt. Tanzen im eigenen Wohnzimmer
kann hoch erotisch sein. Sie können nicht tanzen? Dann kaufen Sie sich
eine Anleitungsplatte und lernen es danach, gleich heute. Und wenn Sie
dabei aus dem Lachen nicht mehr herauskommen, macht das gar nichts,
denn auch Lachen macht sinnlich. Sollten Ihnen nun schon beim Tango die
Sinne glühen, gibt es zwei Möglichkeiten: Entweder Sie reißen sich voneinander los, gehen in die Küche und bereiten gemeinsam die Schnuckereien
für den Abend zu, oder Sie greifen zum Telefonhörer und rufen das nächste
arabische Lokal an. Bestellen Sie unbedingt die Vorspeisenplatte. Beim
Syrer umfaßt sie bis zu dreißig verschiedene Spezereien, eine köstlicher

als die andere: Kichererbsenbällchen, Auberginenmus, pikante Salate und alles, was Ihr heißes Herz begehrt. Wenn es ein ägyptisches Lokal ist, fragen Sie nach Sahlab (gesprochen: Sachlab): Himmlischer Nektar ist nichts gegen dieses süße Getränk, das frei übersetzt «Hoden des Fuchses» heißt und früher einmal im ganzen Orient bis Persien berühmt war. Es wird bereitet aus Kichererbsenmehl, Gewürzen, Honig, Nüssen und der hodenförmigen Knolle des Knabenkrautes. Manche arabischen Lokale haben auch Hibiskus- oder Granatapfelsäfte, und die sind röter als die Liebe und süßer als ein Kuß. Essen Sie nicht zuviel, sonst wachen Sie aus dem anschließenden Verdauungsschlaf nicht vor dem nächsten Morgen auf. Heizen Sie sich lieber noch mit einem chinesischen Teelikör ein. Oder mit einem Tee aus Ginseng, Ingwer, Süßholz und Datteln. Ein süßer Mokka mit Kardamom und ein kleiner Brandy werden Sie auch wach halten. Nippen Sie nur an diesen Köstlichkeiten, während Sie sich gegenseitig erotisch-verwegene Geschichten vorlesen. Ein paar saftige Titel finden Sie auf Seite 189. Dabei stimmen Sie sich langsam ein auf die Badezeremonie. Nicht hastig werden: Die Nacht ist lang. Nach dem Bade träufeln Sie sich gegenseitig einen Tropfen reine Ylang-Ylang-Essenz unter die Zunge. Das schmeckt nicht so toll, aber allein zu wissen, es ist Ylang-Ylang… Wenn Sie nun noch eine Anregung brauchen, dann tauchen Sie doch seinen Lingam in einen Absud aus Nußbaumrinde. Die stärkende Wirkung hält die ganze Nacht an. Und hätten Sie nicht Lust, Ihre Joni zu rasieren und sie nach arabischer Art mit Henna zu färben? Anschließend kommt noch eine zärtliche Massage auf einem feuerroten Leinentuch oder einfach im Bett. Ist Ihre Haut richtig schön eingeölt, streicheln Sie sich mit dem warmen Hauch Ihres Föns. Ein tierisches Zaubermittel: Wer ein richtiges Ferkel im Bett haben will, kann es mal mit Alraune versuchen, die in den meisten Liebesträncken und Hexenrezepten vorkam. Sie hat eine betäubende Wirkung. Jedenfalls hat die zauberkundige Circe dieses Zeug den Gefährten des Odysseus in die Speisen gemischt. Auf der Stelle verwandelten sich alle Gefährten in

Schweine. Für den Fall, daß ein ungebetener Gast plötzlich die Treppe heraufstürmt und die Einbauschrankwand nicht geeignet ist, die/den erregte/n Geliebte/n würdig zu bergen, hier ein walisisches Hexenmittel, das unsichtbar macht: «Nimm ein Glas voll vom Badewasser, in dem du mit deinem Schatz gebadet hast. Vermische es mit sieben Freudentränen der letzten Nacht und mit 2 Tropfen Angstschweiß. Rühre gut um, löse ein feingewebtes Kreuzspinnennetz in der Flüssigkeit auf und gieße sie beherzt über die Person, die verschwinden soll.» Der Zauber wirkt sofort, und kein Eifersüchtiger, keine Mißgünstige kann mehr sehen, wer es war. Wahrscheinlich ist dann aber alles schon zu spät.

Wenn Sie bisher nicht gestört und inzwischen heiß sind vor Verlangen, dann legen Sie sich endlich hin und feiern die nächtlichen Wonnestunden, für deren Verlauf wir Ihnen die vier Grundpositionen und sechsundzwanzig Variationen aus Jolan Changs «Tao der Liebe» vorschlagen möchten. Wenn Sie alles ausprobieren, gönnen Sie sich lieber mehrere Nächte dafür...

Es beginnt mit den vier Grundstellungen: 1. «Enge Vereinigung»: der Mann auf der Frau; 2. «Einhorn»: die Frau auf dem Mann; 3. «Intime Verbindung»: Mann und Frau wenden sich in Seitenlage die Gesichter zu; 4. «Sich sonnender Fisch»: der Mann dringt von hinten ein.

1. *Seidenraupe spinnt einen Kokon* (eine Variation der ersten Position): Die Frau ergreift mit beiden Händen den Nacken des Mannes und schlingt ihre Füße um seinen Rücken.

2. *Sich wendender Drache* (eine Variation der ersten Position: Der Mann drückt mit der linken Hand beide Füße der Frau über ihre Brusthöhe hinaus. Mit der rechten Hand hilft er seinem Jadeschaft, in ihre Jadepforte zu gelangen.

3. *Zwei Fische Seite an Seite* (eine Variation der dritten Position): Gesicht zu Gesicht und in tiefem Kuß, der Mann stützt mit einer Hand die Füße der Frau.

4. *Liebende Schwalben* (eine Variation der ersten Position): Der Mann liegt flach auf dem Bauch der Frau. Er umarmt ihren Hals, und sie umklammert seine Taille.

5. *Vereinte Eisvögel* (eine Variation der ersten Position): Die Frau liegt auf dem Rücken und macht ihre Beine ganz locker. Der Mann kniet und umfaßt ihre Hüfte.

6. *Verschlungene Mandarinenten* (eine Variation der vierten Position): Die Frau liegt auf der Seite und hält ihre Beine so gebeugt, daß der Mann von hinten eindringen kann.

7. *Fliegende Schmetterlinge* (eine Variation der zweiten Position): Beide breiten Arme und Beine aus.

8. *Paar fliegender Enten* (eine Variation der zweiten Position): Der Mann liegt auf dem Rücken. Die Frau sitzt so, daß sie seine Füße sehen kann.

9.*Zwergkiefer*

(eine Variation der ersten Position): Die Frau umschlingt den Mann mit gekreuzten Beinen. Beide halten mit beiden Händen die Hüften des Partners umschlungen.

10.*Bambus nahe dem Altar* (diese Variation gehört zu keiner der vier Grundpositionen): Beide, Mann und Frau, stehen mit den Gesichtern zueinander, umarmen und küssen sich.

11.*Tanz des Doppelphönix* (eine Variation der ersten Position, aus der durch Umkehrung eine Variation der zweiten Position werden kann).

12.*Phönixmutter hält ihr Kleines* (eine Position, die besonders für ein Paar geeignet ist, in dem die Frau groß und üppig gebaut und der Mann klein ist).

13.*Fliegende Seemöwen*

(eine Variation der ersten Position): Der Mann steht am Rand des Bettes und hält die Beine der Frau, während er in sie eindringt.

14.*Wildpferde im Sprung* (eine Variation der ersten Position): Ihre Füße liegen auf seinen Schultern. Er kann tief eindringen.

15.*Galoppierendes Roß* (eine Variation der ersten Position): Die Frau liegt auf dem Rücken, und der Mann hockt. Seine linke Hand hält ihren Hals, und seine rechte Hand umfaßt ihre Füße.

16.*Pferdehufe* (eine Variation der ersten Position): Sie liegt auf dem Rücken. Er legt sich einen ihrer Füße über seine Schultern, während der andere Fuß lose baumelt.

17. *Fliegender weißer Tiger* (eine Variation der vierten Position): Die Frau kniet und legt das Gesicht aufs Bett. Er kniet hinter ihr und hat beide Hände frei, damit ihre Hüfte zu umfassen.

18. *Dunkle Zikade haftet an einem Ast* (eine Variation der vierten Position): Sie liegt auf dem Bauch und spreizt die Beine. Er hält ihre Schultern fest und dringt von hinten in sie ein.

19. *Ziege vor einem Baum* (eine Variation der vierten Position): Der Mann sitzt auf einem Stuhl. Die Frau sitzt auf seinem Schoß und kehrt ihm den Rücken zu, während er sie bei der Hüfte hält.

20. *Wild-Geflügel* (eine Variation der ersten Position).

21. *Phönix spielt in roter Höhle* (eine Variation der ersten Position): Sie liegt auf dem Rücken und hält selbst mit den Händen ihre Füße hoch in der Luft.

22. *Riesenvogel treibt über dunklem Meer* (eine Variation der ersten Position): Der Mann stützt ihre Beine mit seinen Oberarmen und hält sie mit den Händen bei der Hüfte fest.

23. *Ein summender Affe umfängt einen Baum* (eine Variation der zweiten Position): Der Mann sitzt wie auf einem Stuhl. Die Frau «reitet» auf seinem Schoß, und beide sehen sich an. Sie hält sich an ihm mit beiden Händen fest. Er hilft ihr, indem er mit einer Hand auf ihren Hintern drückt, während er sich mit der anderen auf dem Bett abstützt.

24. *Katze und Maus in einem Loch*

(eine Variation der zweiten Position): Der Mann liegt auf dem Rücken mit völlig entspannten Beinen. Die Frau liegt fest auf ihm. Sein Jadeschaft kann tief eindringen.

25. *Eselin im späten Frühjahr* (eine Variation der vierten Position):

Beide Füße am Boden, beugt sie sich nach vorn und stützt sich auf die Hände bei gestreckten Armen. Er steht hinter ihr und hält ihre Taille umfaßt.

26. *Hund im Herbst*

(eine Variation, die zu keiner der vier Grundpositionen gehört): Mann und Frau stehen Rücken gegen Rücken, beugen sich in der Hüfte so weit hinab, daß sie die Hände aufstützen können, die Gesäßpartien pressen sie fest gegeneinander und geben sich so Halt. Der Mann biegt den Kopf nach unten hinten und führt mit einer Hand seinen Jadeschaft in ihre Jadepforte ein.

Michael Lindener

Eine gute, bewährte Arznei

Eine Magd in dem Dorf Oberhausen hatte ein böses Gefräß, sie litt große Pein und Qual daran. Nachdem sie aber viel Rats gepflegt und Arznei gebraucht, wollte ihr endlich nichts helfen, wollte sich deshalb die Zähne ausbrechen lassen, schickte nach einem Barbiergesellen; der war ein rechter Kauz, doch keine Eule, sondern Stoßvogel und in aller Schalkheit abgerichtet wie ein Schermesser.

Als nun der gute Gesell sah, daß das Maidlein jung und schön war, gedachte er, es wäre schade, daß man ihm die Zähne ausbrechen sollte, sagte, er wolle ihr sonst wohl helfen, daß man ihr die Zähne nicht ausbrechen brauche, und er wüßte ein feines Pülverlein zuzurichten, das müßte er ihr einstreichen frühmorgens, dieweil es noch bei guter Weile und Zeit wäre und sie nichts gegessen hätte.

Als nun der Barbier früh gegangen kam und niemand auffand denn allein die Magd, welche böse Zähne hatte und vor großen Schmerzen nicht schlafen konnte, sagte der Barbier: «Dieweil Euch nichts helfen will, das Ihr bisher oben versucht, so muß ich es unten versuchen.» Und befahl der Dirne, daß sie sich niederlege, denn er müsse ihr das Pülverlein mit dem Finger auf den Nabel streichen. Die Magd, die folgte. Nahm er den elften Finger, sonst hat ein rechter Barbier nur allein zehn. Darum war er seiner Kunst ein Meister und streute ihr das Pülverlein eine Spanne von dem Nabel ein.

Die Magd empfand das Pulver, schrie: «Mein geduldiger Gesell, laß nicht nach! Laß nicht nach! Hätte ich das Pülverlein längst gehabt, so wäre mir die Krankheit längst auch vergangen, es wird auch schon besser.» Also wäre oft einer zu helfen, wenn es einer wüßte. Stehwurzel ist aber zu allen Dingen gut und nutz.

Michael Lindener (16. Jahrhundert)

7

Wie Düfte wirken, und wo Sie sie *bekommen*

Wie Düfte

wirken,

und wo Sie sie

bekommen

Das achtzehnte Jahrhundert wurde das «duftende Zeitalter» genannt. Schlechte Gerüche, Angst vor den Ausdünstungen der Mitmenschen und ihren schädlichen Wirkungen beschäftigten die Menschen ebenso stark wie die Lust, in Düften zu schwelgen und alles zu parfümieren, was Gerüche aufnahm. Die neue Wissenschaft der «pneumatischen Chemie» hatte es sich zum Ziel gesetzt, das Geheimnis der Gerüche zu lüften und zu beweisen, daß sie von der Haut nicht nur ausgedünstet, sondern auch eingeatmet wurden und im Körper die unterschiedlichsten Reaktionen hervorriefen. Dazu unternahmen die Forscher die aberwitzigsten Experimente. Um zum Beispiel die Luftverderbnis zu messen, die ungesunde Körper verursachten, wurden

Betteljungen in enge Lederschläuche gezwängt, die an den Öffnungen abgedichtet waren. So setzte man die armen Kerle in die Badewanne. Über Schläuche, die in das Lederfutteral hineinführten, wurden ihre Ausdünstungen in einen Glasbehälter geleitet, wo man sie dann analysierte. Die Hoffnung, mit hübschen, gesunden Mädchen weniger verdorbene Lüfte einfangen zu können, zerschlug sich leider. Der Beweis für die Hautatmung gelang mit noch unappetitlicheren Versuchen. Wer Leichengeruch über die Haut einatmete, derweil er seine Lungen über einen Schlauch mit reiner Luft versorgte, schied auch Verwesungsgestank wieder aus, über den Atem und über die Haut. Während die Chemieküche brodelte, wurden überall Blütenwässerchen verschwenderischer versprüht als je zuvor. Tabak roch nach Jasmin, Zucker nach Rosenwasser, Handschuhe wurden aromatisiert, Fächer, Kleider und Leder. Aus allen Türen und Fenstern dufteten die Wohnungen, kokette Frauen ließen Taschentücher mit Lavendelflair fallen und trugen Medaillons mit Rosenwasser um den Hals. Ärzte und Kirchenmänner sahen die erotisch signalisierende Duftentfaltung, besonders bei den Frauen, gar nicht gern. Um die Keuschheit attraktiver zu machen, wurde das Märchen erfunden, Jungfrauen dufteten von Natur aus nach Majoran, der alle Wohlgerüche Arabiens übertreffe. An diesem besonders anziehenden Duft der Jungfrauen war auch Grenouille gelegen, dem Mann ohne Eigengeruch aus Patrick Süskinds Roman «Das Parfum». Er ermordete unberührte Mädchen, umhüllte sie mit einer Fettschicht und nahm ihnen so ihr duftendes Jungfrauenflair. So gewann er ein Parfüm, das alle Menschen unweigerlich in sexuelle Raserei versetzte, so daß sie ihn schließlich auffraßen vor Liebe. Ob nun unberührte Mädchen oder erfahrene Frauen mehr olfaktorische Überzeugungskraft besitzen, ist immer strittig gewesen. Sokrates, zum Beispiel, meinte, erst körperliche Liebe gebe dem Eigenduft eines Menschen die richtige Würze. Deshalb bräuchten Jungverheiratete kein Parfüm, da sie selbst den allersüßesten Duft ausströmten.

Die ätherischen Öle
und ihre Wirkungen

Ätherische Öle verdunsten sehr schnell. Einige haben zwar eine ölige Konsistenz, sie hinterlassen aber keine Fettflecken. Die meisten Essenzen sind wäßrig, hell und klar. Allerdings gibt es auch einige farbige wie Rose (grünlich), Kamille (bläulich), Zitrone (gelblich) und Benzoë (rot). Gewonnen werden die Essenzen aus den Blüten, den Blättern, der Schale, der Rinde, dem Kernholz, der Wurzel oder dem Harz von Pflanzen. Das gebräuchlichste Verfahren zur Gewinnung von ätherischen Ölen ist die Wasserdampfdestillation. Dabei werden Pflanzenteile in einen Bottich gegeben, durch den man Dampf strömen läßt. Die ätherischen Öle verdampfen zusammen mit dem Wasser. Sie kühlen wieder ab, das Destillat wird aufgefangen, und die nicht wasserlöslichen Essenzen können vom Wasser getrennt werden.

Bei dieser heißen Prozedur würden empfindliche Blütendüfte wie Jasmin, Orangen oder Veilchen zerstört werden. Deshalb wendet man hier üblicherweise eine Form der kalten Extraktion an, die zeitaufwendiger, aber schonender ist. Man löst die ätherischen Öle mit Hilfe flüchtiger Lösungsmittel. Die Blüten werden darin gewaschen, die Essenz löst sich. Nun muß die Essenz durch einen weiteren Arbeitsgang vom Lösungsmittel getrennt werden. Die Flüssigkeit wird bei der Temperatur destilliert, bei der das ätherische Öl kondensiert, nicht aber das Lösungsmittel.

Dieses Verfahren ist eine Weiterentwicklung der Enfleurage, einer sehr umständlichen Methode, die früher üblich war: Zwischen zwei Platten, die mit pflanzlichem oder tierischem Fett bestrichen wurden, legte man Blüten, die immer wieder ausgewechselt wurden, sobald sie ausgelaugt waren. Das wurde so oft wiederholt, bis das Fett mit köstlichem Duft gesättigt war. Um die reine Essenz vom Fett zu trennen, wurde das ätherische Öl mit Alkohol aus dem Fett gewaschen. Der Alkohol mußte aber nun wieder verdampft werden, und zurück blieb endlich die reine Essenz «l'absolu».

Bei einer anderen Methode, die aber nur bei Zitrusfrüchten funktioniert, geschieht die

Extraktion der Essenz dadurch, daß die Schale ausgepreßt wird. Früher wurde das von Hand gemacht, heute übernehmen Maschinen, die die Zentrifugalkraft nutzen, diese Arbeit. Wenn Sie ein Stückchen Orangenschale an einer Kerzenflamme auspressen, können Sie sehen, wie die feinen Tröpfchen sofort entflammen.

Ätherische Öle wandern je nach Tages- und Jahreszeit von einem Teil der Pflanze in einen anderen und verändern dabei ihre Konzentration. Deshalb hat man herausgefunden, zu welchen Zeiten, manchmal zu welcher Stunde des Tages, bei welchen Wetterbedingungen, eine Pflanze geerntet werden muß, damit sie die beste Qualität und die reichste Ausbeute liefert.

Es gibt keine zwei Pflanzen, die den gleichen Duft haben. Der Duft einer Pflanze ist wie der Klang von innen, die Stimme. Mit ihrem Duft locken die Pflanzen Insekten an oder stoßen sie ab, mit ihrem Duft nehmen sie Verbindung auf zum Menschen und vielleicht sogar untereinander, in einer Sprache voller Zärtlichkeit und Anmut, wie sie nur Liebende verstehen.

Wir beschreiben nur die Pflanzen, deren ätherisches Öl in den Rezepten dieses Buches erwähnt werden. Wir beschränken uns auf die Wirkungen im Gefühlsbereich, obwohl in der Naturheilkunde und Aromatherapie noch sehr viel mehr Anwendungsbereiche bekannt sind.

Basilikum (Ocimum basilicum)

wird auch Basilienkraut genannt. Es wächst in Persien, Afrika und Südeuropa. Das ätherische Öl der Pflanze wird in der Parfümindustrie verwendet. Basilikum ist gut für die Nerven und wirkt gemütserhellend. Es besänftigt bei Angstgefühlen und nervöser Schlaflosigkeit und wurde häufig zur Steigerung der Sinnlichkeit verwendet, was viele Mythen und Zaubersprüche belegen. Es paßt gut zu Bergamotte und Geranie.

Benzoëharz liefert der Benzoë-Storaxbaum (Styrax benzoin),

der in Indien und Malaysia wächst. Das rötlichbraune, feste Harz enthält Benzoësäure und Vanillin und ist gut für die Atemwege. Man stellt daraus auch ein ätherisches Öl her. Benzoë wird als Fixativ in der Parfümindustrie verwendet und therapeutisch als Stimulans. Der Duft ist warm und angenehm wie Pudding. Er wirkt wie ein Schutzmantel bei allzu großer Verletzbarkeit und paßt gut zu Sandelholz und Jasmin.

Bergamotte (Citrus aurantium bergamia)

wird hauptsächlich in Kalabrien angebaut. Die Zitrusfrucht ist säuerlich und hat eine stark duftende, würzige Schale, aus der die Bergamotteessenz gewonnen wird. Mit Bergamotte würzt man Earl-Grey-Tee, und das klassische Eau de Cologne erhält mit Bergamotte seinen charakteristischen Duft. Die Essenz hilft gut gegen Depressionen und bei Anspannungen. Sie paßt zu Pfefferminz, Koriander, Ylang-Ylang.

Bohnenkraut (Satureja

hortensis) wächst in Mittel- und Südeuropa, aber auch in Asien und Nordamerika. Es riecht streng und stark (weshalb es auch «Pfefferkraut» heißt) und ist ein beliebtes Küchengewürz. Das Aroma regt den Intellekt an. Bei stärkerer Dosierung kann es das Sexualzentrum aktivieren.

Geranie (Pelargonium odoratissimum; Zitronenpelargonie)

ist eine Pflanze mit süßem, rosigem Geruch, die von der Insel Réunion stammt. Der Duft wirkt erfrischend und aufmunternd wie Bergamotte und gleichzeitig harmonisierend auf die Produktion der Sexualhormone. Er vertreibt Unruhe und erzeugt Wohlgefühle.

Jasmin (Jasminum officinale f. grandiflorum)

wird in der Provence um Grasse herum zur Gewinnung der Essenz angebaut. In der Aromatherapie gilt das ätherische Öl wegen des wunderbaren Duftes als wirksam bei seelischen Störungen. Er vertreibt Angstzustände und stärkt das Selbstvertrauen. Jasmin regt die Phantasie an und ist ein bekanntes Aphrodisiakum bei emotional bedingter Frigidität oder Impotenz.

Kamille (Anthemis nobilis,

Römische Kamille) ist in Mitteleuropa heimisch. Sie liefert ein grünlichblaues bis dunkelblaues ätherisches Öl, das bitter schmeckt und riecht. Dieses ätherische Öl gehört zu den nützlichsten in der Aromatherapie. Es hilft bei Migräne, Schlaflosigkeit, Hysterie und Streß und verschafft einem reizbaren, streitsüchtigen Menschen ein wohliges Gefühl. Paßt zu Geranie, Benzoë, Lavendel, Rose, Ylang-Ylang.

Kardamom

Kardamom (Elettaria cardamomum) kommt vorwiegend aus Vorderindien. Das ätherische Öl ist relativ teuer. Es hat eine klare Farbe und duftet angenehm, warm, süß und würzig. Es hilft bei Erinnerungsschwäche und hat einen guten Ruf wegen seiner anregenden und potenzsteigernden Wirkung.

Koriander

Koriander (Coriandrum sativum) wächst hauptsächlich im östlichen Mittelmeerraum. Er liefert ein feines, würzig-süßes ätherisches Öl, mit dem im Altertum häufig Wein aromatisiert wurde. Es wirkt warm und anregend auf den Geist und galt in früheren Zeiten als Aphrodisiakum. Paßt sehr gut zu Zitrusessenzen.

Lavendel

Lavendel (Lavandula officinalis oder angustifolia) wird besonders im Mittelmeerraum angebaut und für die Parfümindustrie verwendet. Das ätherische Öl duftet erfrischend. In der Aromatherapie gilt die Lavendelessenz als besonders vielseitig. Sie wirkt beruhigend, ausgleichend und antidepressiv in Bädern, Massageölen und Duftlampen.

Majoran

Majoran (Origanum amanum majorana) riecht würzig und angenehm und ist ein beliebtes Küchenkraut. Die Essenz wird verwendet bei Traurigkeit und Einsamkeit. Majoran wärmt Körper und Seele. Es ist bekannt als An-Aphrodisiakum, das heißt, es schränkt die sexuelle Begierde ein, und wurde früher viel bei Klosterinsassen und Waisenheimbewohnern eingesetzt. Manche Kräuterkenner behaupten aber genau das Gegenteil. Paßt gut zu Lavendel, Bergamotte, Kamille.

Moschus und Zibet

Die Düfte von Moschushirsch und Zibetkatze werden inzwischen fast ausschließlich synthetisch hergestellt. Der tierische Sexuallockstoff Pheromon macht auch auf Menschen einen sexuell anregenden Eindruck. Einen moschusähnlichen Geruch verströmen die Moschus-Malve (Hibiscus moschata) und das Steckenkraut (Ferula sumbul) aus Asien, deren ätherische Öle einige Hersteller anbieten.

Muskatellersalbei (Salvia sclarea) kommt aus Syrien,

Italien und Frankreich und wird in Rußland und Frankreich zur Gewinnung des ätherischen Öls angebaut. Die Essenz duftet süß und blumig und erinnert nur entfernt an den Gartensalbei (Salvia officinalis). Der Duft wirkt warm und beruhigend und löst bei manchen Menschen sogar eine Art Wohlgefühl oder Euphorie aus. Muskatellersalbei wird auch bei Angst und Sorgen und emotional bedingter Frigidität oder Impotenz eingesetzt. Er paßt gut zu Wacholder, Lavendel und Sandelholz.

Myrrhe Das Myrrhenharz, aus dem das ätherische Öl gewonnen wird,

stammt aus Kerben und Rissen in den Ästen des Myrrhenbaums (Commiphora abyssinica). Er wächst im Nordosten Afrikas und im südlichen Arabien. Sein medizinischer Nutzen ist seit drei Jahrtausenden bei vielen Völkern bekannt, und es hat bis heute seine Beliebtheit nicht eingebüßt. Myrrhenessenz riecht trocken, herb und erdhaft. In Mischungen wird der Duft angenehm. Er ist eine gute Grundlage für Weihrauch, Sandelholz und Benzoë.

Myrte (Brautmyrte; Myrtus communis)

wächst in den Mittelmeerländern. Sie liefert ein stark duftendes, heilsames ätherisches Öl. Das Myrtenwasser, das aus den Blättern und Blüten bereitet wird, ist beliebt wegen seiner adstringierenden Wirkung. Die Myrte war schon im Altertum das Zeichen von Schönheit und Liebe. In Deutschland wird eine kleinblättrige Myrtenart immer noch zur Anfertigung von Brautkränzen verwendet.

Nelke (Eugenia caryophyllata).

Als Gewürznelken sind die Knospen dieser Pflanze bekannt. Hauptanbauzentrum ist Sansibar. Das ätherische Öl, Eugenol, wird häufig wegen seiner keimtötenden und schmerzstillenden Eigenschaften in der Zahnmedizin verwendet. Der würzige Duft verleiht allen Mischungen eine exotische, verführerische Note.

Orangenblüte/Neroli (Citrus bigardia)

wird aus den weißen Blüten der Bitterorange oder Pomeranze gewonnen, die in Italien,

Tunesien und in den USA kultiviert wird. Neroli gehört zu den teuren und besonders köstlichen Essenzen. Mit Bergamotte, Lavendel, Zitrone und Rosmarin ergibt es das klassische Eau de Cologne. Es riecht süß und feminin und paßt auch gut zu Sandelholz, Jasmin und Rose. Es gilt als eines der besten Antidepressiva, beruhigend und leicht hypnotisierend und wird unter den Pflanzenextrakten zu den Aphrodisiaka gezählt.

Patschuli (Pogostemon patchouly)

wird in vielen tropischen Ländern angebaut. Aus den Blättern und Blüten wird ein stark blumig und orientalisch duftendes ätherisches Öl gewonnen. Wegen ihrer heilkräftigen Inhaltsstoffe hat die Pflanze auch für die Pharmazie große Bedeutung. Die flüchtigen Wirkstoffe der Essenz wecken Neugier und schaffen neue Energie.

Pfefferminz (Mentha piperita).

Das ätherische Öl der Pfefferminze gehört zu den wichtigsten therapeutisch genutzten Essenzen. Die Pflanze wird in Japan, den USA, Großbritannien und Italien kultiviert, aber sie stammt aus dem Mittelmeerraum. Die Essenz riecht stark, angenehm und aromatisch. Sie regt den Geist an und ist wie Rosmarin und Basilikum geeignet, das Gedächtnis zu beleben und klare Gedanken zu fördern. Paßt in sehr kleinen Mengen zu Rosmarin, Bergamotte, Lavendel.

Rose (Rosa centifolia oder Rosa damascena).

Das feinste und teuerste Rosenöl kommt aus Bulgarien. Wichtige Anbaugebiete sind auch Marokko und Südfrankreich. Die Rose gilt seit dem Altertum wegen ihres Aussehens, wegen ihres Duftes und wegen ihrer Heilkraft als die wunderbarste unter den aromatischen Pflanzen. Sie duftet kühl und warm zugleich, aufregend und beruhigend, sie schmeckt bitter und süß, sie ist in hohem Maße verführerisch. Die Rose ist seit alters bekannt als Antidepressivum und Aphrodisiakum. Sie paßt gut zu Benzoë, Sandelholz, Kamille und Neroli.

Rosmarin (Rosmarinus officinalis) wächst hauptsächlich im Mittelmeerraum. Er riecht ähnlich wie Kampfer. Rosmarin ist als Gewürz beliebt und bekannt dafür, daß er auf das Gehirn wirkt. Die Essenz hilft bei Antriebslosigkeit und soll das

Gedächtnis und die Nerven stärken. Rosmarin paßt gut zu Basilikum, Orangenblüte, Pfefferminz und Lavendel.

Sandelholz (Santalum album).

Der Sandelholzbaum wird auch in China kultiviert, aber er kommt aus Indien, wo er immer noch in hohem Ansehen steht. Das ätherische Öl, das aus dem Kernholz destilliert wird, dient heute hauptsächlich der Herstellung hochwertiger Parfüms. Im alten Indien wurde es bei religiösen Zeremonien verbrannt. Außerdem schätzt man es als eine Art Universalheilmittel, obwohl man schon seit langen Zeiten seine besondere Wirkung auf die Geschlechtsteile kennt. Sandelholz hat einen süßen, milden Duft. Die Essenz beruhigt die Atemwege, wirkt antidepressiv und aphrodisisch.

Schwarzer Pfeffer (Piper nigrum) wird in Indien,

auf Java, Sumatra und Penang angebaut und gehört zu den ältesten bekannten Gewürzen. Das ätherische Öl riecht ähnlich wie Nelkenöl. Es ist sehr kräftig, reinigt, wärmt, regt an und ist aphrodisisch.

Verbene (Verbena triphylla)

kommt aus Afrika. Das Eisenkraut – so nennt man es hierzulande – ist schon immer ein beliebtes Pflanzenheilmittel gewesen und diente hauptsächlich im Mittelalter als Schutz gegen Hexenzauber. Das ätherische Öl wird aus den Blättern gewonnen. Es duftet anregend, erfrischend und verbessert die Laune. Es wird bei Depressionen eingesetzt und wirkt auch bei Konzentrationsschwäche.

Vetiver ist die Terpen-Essenz

von Gräsern der ostasiatischen Gattung Andropogon oder Cymbopogon. Das ätherische Öl kommt aus der Wurzel und dem Kraut. Sein Duft ähnelt dem von Sandelholz. Es glättet nervöse Verspannungen und erwärmt das Gemüt. Es wird hauptsächlich in der Parfümindustrie als Fixativ eingesetzt, und dort vorwiegend bei der Komposition von männlichen Duftnoten.

Wacholder (Juniperus communis)

wächst auch auf kargsten Böden und ist eine beliebte Heilpflanze. Die Essenz, die aus den Beeren gewonnen wird, ist sehr viel wirksamer als das ätherische Öl des Wacholderholzes. Es hat eine stärkende, tonisierende Wirkung auf die Nerven und wird bei jeder Art von körperlicher Schlaffheit eingesetzt. Außerdem wirkt es entwässernd.

Weihrauch (Boswellia thurifera), auch Olibanum

genannt, und Myrrhe waren die ersten Harze, die als Räucherwerk gebraucht wurden. Der Weihrauchbaum wächst in Arabien und Somalia. Er gehörte im Altertum zu den teuersten Substanzen. Die Essenz ist klar und hat einen interessanten, balsamischen Duft, der die Emotionen anspricht. Weihrauch hilft, wenn man nicht mehr weiß, wo es langgeht, bei Unentschlossenheit, Zukunftsangst und Grübeleien. Paßt gut zu Benzoë, Myrrhe, Neroli, Sandelholz und allen Gewürzen.

Ylang-Ylang (Cananga odorata)

wird auf Java, Sumatra und den Philippinen angebaut. Es ist ein Baum mit schönen gelben Blüten. Das ätherische Öl hat einen besonders exotischen, sinnlichen Duft. Die Essenz ist gelblich, schwach bitter und süß. Sie wirkt in erster Linie beruhigend bei nervösen Anspannungen, Frustration und Ärger und gilt als sehr gutes Aphrodisiakum. Ylang-Ylang paßt gut zu Neroli, Bergamotte, Lavendel, Zitrone.

Zimt (Cinnamomum ceylanicum) wird aus einem Baum

gewonnen, der in Sri Lanka heimisch ist und der mit seinem starken, angenehmen Aroma wahrscheinlich das älteste historisch bezeugte Gewürz ist. Die Essenz duftet warm und samtig. Sie gibt ein Gefühl von Geborgenheit und regt zum Träumen an. Zimt ist ein beliebtes Liebesmittel, vor allem in Indien.

Fette Öle

Sonnenblumenöl ist ein gutes Basisöl für Körper- und Massageöle, denn es ist leicht und dringt gut in die Haut ein. Geruch und Geschmack sind neutral.

Aprikosenkernöl ist ein besonders wertvolles Hautöl und gut geeignet bei müder, irritierter oder alternder Haut. Es kann auch zur Gesichtspflege verwendet werden, weil es sehr fein ist.

Erdnußöl enthält viele essentielle Fettsäuren, die zum Vitamin-F-Komplex gehören. Es ist ein ausgezeichnetes Massageöl für den ganzen Körper und schmeckt gut.

Walnußöl hat einen angenehm nußartigen Duft. Es enthält viele Mineralstoffe, hat leicht straffende Wirkung auf die Haut und enthält einen natürlichen Lichtschutzfaktor. Deswegen eignet es sich auch als Sonnenöl. Außerdem schmeckt es ausgezeichnet zu Rohkost.

Jojobaöl heißt nur Öl, ist aber ein Wachs. Es wird, weil es sehr dünn ist, von der Haut sehr schnell aufgenommen, und dabei hinterläßt es keinen Fettfilm. Jojobaöl bindet die Feuchtigkeit in der Hornschicht der Haut und dient deshalb als kostbare Beigabe teurer kosmetischer Präparate.

Süßes Mandelöl ist ein Grundöl für viele Hautpflegemittel. Es enthält viel Vitamin E, das die Haut straff und glatt macht.

Olivenöl

hat einen eigenartigen Geruch, der in der Küche beliebter ist als auf der Haut. Trotzdem wird das Öl besonders in Südeuropa häufig als Hautpflegemittel benutzt. Es ist dick und zieht schwer in die Haut ein, aber es schützt auch besonders gut gegen Salzwasser und Wind.

Weizenkeimöl

enthält viel Vitamin E. Es ist ein sehr wertvolles kosmetisches Öl, das häufig Cremes zugesetzt wird, weil es konservierende Eigenschaften hat. Nicht nur für die Haut, sondern auch für die Creme selber.

Körperöl/Massageöl

100 ml fettes Öl mit 30 Tropfen ätherischem Öl mischen.

Gesichtsöl

50 ml fettes Öl mit 20 Tropfen ätherischem Öl mischen.

Bezugsquellen für ätherische Öle, Kräuter und Gewürze, Aromalampen, Rauchwerk und pflanzliche Basisöle

Sehen Sie im Branchenverzeichnis auf den Gelben Seiten Ihres örtlichen Telefonbuches nach. Auch wenn Sie in anderen Städten und im Ausland sind, suchen Sie dort nach Informationen. Stichwörter: Natur, Gesundheit, Kräuter, Pflanzenöle, Ätherische Öle, Parfüm, Gewürze, Tees, Aromatherapie. Dort finden Sie Einzelhandelsgeschäfte, wie The Body-Shop, mit einer großen Auswahl an ätherischen Ölen, Bade- und Kosmetikzubehör und Potpourris. Bei den hier aufgeführten Adressen handelt es sich nur um Läden, die auch einen Versandhandel haben. Rufen Sie an und fragen Sie nach Katalog, Preislisten und Lieferbedingungen. Alle hier aufgeführten Geschäfte haben ätherische Öle, Pflanzenöle und Parfümöle im Sortiment und versenden einen ausführlichen Katalog.

Mekkanische Rose
Leibnizstraße 47
1000 Berlin 12
0 30/3 23 14 19

Magrit Szabo
Eppendorfer Weg 281
2000 Hamburg 20
0 40/48 87 26

Secret Emotion
Ottenser Hauptstraße 44
2000 Hamburg 50
0 40/3 90 29 30

Aradia Duftbausteine
Marie Vissing
Steinstraße 59
8000 München 80
0 89/2 02 12 26

Frehe Naturaromen &
Aromalampen
Postfach 5 65
5100 Aachen
02 41/6 14 79

Regenbogen
Egenolffstraße 42
6000 Frankfurt 1
0 69/44 25 29
Auch kosmetische Basisprodukte,
Räucherwerk und Spezialkohle

Neubeurer Naturaromen
Buchenweg 4
8201 Neubeuern
Postfach 11 48
0 80 35/24 90

Primavera light Duftleuchten GmbH
Hinterschwarzenberg 8
8967 Oy-Mittelberg
0 83 76/81 77

Primavera
Haberreute 1
8961 Sulzberg
0 83 76/7 04, 7 84

Werner Larsen
Neddernhof 185 A
2117 Tostedt
0 41 86/74 82
Hauptsächlich Räucherstoffe und fertig
gemischte Räucherungen. Räucherkohle,
Planetenparfüms

Kräuterlädchen Rheindahlen
Hilderatherstraße 61
4050 Mönchengladbach
0 21 61/58 11 93
Über 100 Kräuter, Tees und Blüten

Grüne Mühle naturkosmetik
Sauerweins Mühle
5422 St. Goarshausen
0 67 71/15 45
Alle wichtigen kosmetischen Basisstoffe

Wenn Ihr Weg Sie einmal nach London
führt, versäumen Sie nicht, folgendes
Geschäft aufzusuchen:
J. Floris Ltd.
89, Jermyn Street
London S.W. 3
Sie finden dort wunderbare Potpourris,
feinste Duftwässer und Puder, auch die
inzwischen schwer aufzutreibenden Holz-
tiegel für Rasierseife.

Oder jetten Sie demnächst nach New York?

Ein Besuch bei

Caswell Massey Company Ltd.

320, 13th Street (oder 518 Lexington

Avenue)

New York

lohnt sich. Dort gibt es über 60 verschiedene ätherische Öle, sehr schöne Seifen
und echte Gänsekielzahnstocher.

Kiehl's Pharmacy

109, 3rd Avenue

New York

ist auch einen Besuch wert. Marokkani-
sches Jasmin absolu und viele Düfte
und Dinge, die es sonst nirgendwo zu kaufen gibt.

Österreich:

Firma Naturgarten

Grünangergasse 14

A-2700 Wiener-Neustadt

Naturkostladen

Walter Brunnader

Kutschkergasse 29

A-1180 Wien

4 36 42 44

Schweiz:

Heinz Büchli

Chamerstrasse 85

CH-6300 Zug

00 41/42 41 71 33

Literatur

BLOME, Götz:
Mit Blumen heilen.
1985, Freiburg i. Br.: Hermann Bauer

BUDAPEST, Zsuzsanna E.:
Herrin der Dunkelheit, Königin des
Lichts. Das praktische Anleitungsbuch
für die neuen Hexen
1987, Freiburg i. Br.: Hermann Bauer

CORBIN, Alain:
Pesthauch und Blütenduft
1984, Berlin: Wagenbach

DIERBACH, Johann Heinrich:
Flora Mythologica
1833, Frankfurt/M.: Johann David
Sauerländer

ENGEL, Fritz Martin:
Die Giftküche der Natur
1972, Hannover:
Landbuch Verlag

FELBINGER, Helga:
Medizin und Magie. Das Geheimnis
der übersinnlichen Kräfte
1984, Wiesbaden: F. Englisch Verlag

GOTTSCHALK, Herbert:
Reich der Träume. Kulturgeschichte,
Erforschung, Deutung
1963, Gütersloh: C. Bertelsmann

HANSEN, Harold A.:
Der Hexengarten
1981, München: Trikont

H & R Duftatlas
1984, Hamburg: R. Glöss + Co

HENGLEIN, Martin:
Die heilende Kraft der Wohlgerüche
und Essenzen
1985, München: Oesch

JUNIUS, Manfred:
Praktisches Handbuch der
Pflanzen-Alchimie
1982, Interlaken: Ansata

MARTINETZ, Dieter/LOHS, Karlheinz:
Gift. Magie und Realität. Nutzen und
Verderben
1986, München: Callwey

MÜLLER-EBELING, Claudia/RÄTSCH,
Christian:
Isoldens Liebestrank
1986, München: Kindler

MURR, Josef:
Die Pflanzenwelt in der griechischen
Mythologie
1890, Innsbruck: Verlag der Wagner'schen
Universitätsbuchhandlung

RANKE-GRAVES, Robert von:
Griechische Mythologie. Quellen und
Deutung
1984, Reinbek b. Hamburg:
rowohlts enzyklopädie

RANKE-GRAVES, Robert von:
Die weiße Göttin. Die Sprache des
Mythos
1975, Reinbek b. Hamburg:
rowohlts enzyklopädie

RIMMEL, Eugene:
Das Buch des Parfums. Die klassische
Geschichte des Parfums und der Toilette
1985, Dreieich: Hesse & Becker im Weiss
Verlag GmbH

SCHALL, Sybille:
Immer sauber bleiben … Eine Kulturgeschichte vom Bad und vom Baden
1977, Berlin: Stapp Verlag

SCHIEVELBUSCH, Wolfgang:
Das Paradies, der Geschmack und die
Vernunft
1983, Frankfurt/M.: Ullstein

SCHMEVELYN, Evelyn:
Cooking with Marijuana
1974, Seattle: Sun Magic Publishing

SIGISMUND, Reinhold:
Die Aromata in ihrer Bedeutung für
Religion, Sitten, Gebräuche, Handel
und Geographie des Altertums bis zu
den ersten Jahrhunderten unserer
Zeitrechnung
1884, Leipzig: C. F. Winter'sche
Verlagshandlung

STARK, Raymund:
Aphrodisiaka und ihre Wirkung
1984, München: Wilhelm Heyne

THIRLEBY, Ashley:

Tantra-Reigen der vollkommenen Lust

1986, München: Scherz

TISSERAND, Robert:

Aroma-Therapie. Heilung durch

Duftstoffe

1980, Freiburg i. Br.: Hermann Bauer

VALNET, Jean:

Aroma-Therapie. Gesundheit und Wohl-

befinden durch pflanzliche Essenzen

1988, München: Heyne

VENZLAFF, Helga:

Der marokkanische Drogenhändler

und seine Ware

1977, Wiesbaden: Franz Steiner

VOCKE, Harald:

Im Duft der Zeit. Begegnung mit dem

Morgenland

1988, Berlin: Ullstein

WEBB, Dominique:

Das Geheimwissen des Albertus Magnus

1989, Genf/München: Ariston Verlag

Kleine Animierbibliothek

SANDGEFLÜSTER

Erotische Reisegeschichten

1985, Berlin: Gudula Lorez

DIE NONNE IM BADE

und andere deftige Schwänke von

Zankteufeln, Gaunern, losen Weibern

und unkeuschen Pfaffen

1988, Reinbek: Rowohlt

IM SPIEGEL DER VENUS

Frauen schreiben erotische Geschichten

1987, München: Heyne

Lasa, Rolf:

DIE NACHT VON SANSIBAR

1989, München: Heyne

DIE ZAUBERFLÖTE

Erotische Erzählungen aus dem Orient

1985, München: AVA Autoren- und

Verlagsagentur GmbH

Wang Schi-Dscheng:

DJIN PING MEH

Sittenroman aus der Ming-Zeit

1961, Zürich: Verlag Die Waage

VENUSNARREN

Erotisch-verwegene Geschichten nach

alten Vorlagen

1988, Rostock: VEB Hinstorff Verlag

(Verlag Werner Dausien)

e. e. cummings

ich mag meinen körper wenn er bei deinem

        körper ist. Er ist so ganz was neues.

Muskeln besser und nerven mehr.

        ich mag deinen körper. ich mag was er tut,

sein wie und seine weise. mag so gern spüren

        deines körpers rückgrat, seine knochen, die behende

glatt-festigkeit und was ich werde

        immer und immer wieder

küssen, ich mag das dies und das an dir,

        ich mag, sacht streichelnd, das knistern

deines elektrischen fells und was weichendes

        fleisch überkommt... Und augen, große liebes-krümel,

und womöglich mag ich den reiz

        von dir unter mir so neu